Elogios para

Ver a Dios como el Padre perfecto

> «Uno de los mayores desgarros de mi vida fue ver a mi padre alejarse de nuestra familia. Y sé que no estoy sola. *Ver a Dios como el Padre perfecto* es uno de los libros más importantes de esta generación. Te ayudará a recuperar tu identidad como hijo plenamente amado... ¡de Dios! Louie Giglio nos muestra cómo conocer a Dios de una manera nueva y poderosa. Le doy a este libro mi más alta recomendación».

Lysa TerKeurst
Autora #1 *best seller* del *New York Times*,
Presidenta de Proverbs 31 Ministries

> «Gran parte de nuestra preocupación proviene del hecho de que no vemos a Dios como un Padre amoroso. *Ver a Dios como el Padre perfecto* te ayudará a darte cuenta de lo mucho que Dios se preocupa por ti y se compromete a ocuparse de los detalles de tu vida; aprenderás a confiar más en Dios».

Pastor Rick Warren
Pastor fundador de Saddleback Church,
autor de *Una vida con propósito*
y *Una iglesia con propósito*

«Cuando me convertí en cristiano, tenía mucho que aprender. La verdad es que todavía tengo mucho que aprender. Afortunadamente, Dios ha sido paciente conmigo a través de los años y me ha mostrado lo que realmente es ser su hijo. El asunto es que él quiere que usted descubra esa misma verdad en su propia vida. Y creo firmemente que *Ver a Dios como el Padre perfecto* es un buen punto de partida».

Dave Ramsey
Autor de *best sellers* y presentador de programas
de radio sindicados a escala nacional

«Las medallas olímpicas de oro, los títulos de la WNBA y las temporadas invictas podrían describirse fácilmente como la parte más importante de mi identidad. Sin embargo, no es así. Saber que soy una hija amada de un Padre perfecto cambió literalmente mi vida hace años y es con lo que cuento cada día como atleta profesional». El libro de Louie *Ver a Dios como el Padre perfecto* conecta con cada uno de nosotros al señalarnos claramente a nuestro Padre perfecto. Abre tu corazón y sumérgete en *Ver a Dios como el Padre perfecto*... ¡no volverás a ser el mismo!».

Maya Moore
Cuatro veces campeona de la WNBA,
dos veces medallista de oro olímpica,
All-Star de la WNBA y máxima anotadora
de todos los tiempos

«Algunos comunicadores hablan al corazón. Otros hablan a la cabeza. Unos pocos son capaces de hablar a ambos. Mi amigo Louie Giglio es uno de ellos. Es a la vez pastor y maestro. Ciertamente me ha pastoreado y enseñado. Su nuevo libro *Ver a Dios como el Padre perfecto* aborda una profunda necesidad. Que Dios lo use para sanarnos y ayudarnos a todos».

Max Lucado

Pastor y autor de *best sellers* del *New York Times*

«Se ha dicho que lo que te viene a la mente cuando piensas en Dios es lo más importante de ti. En *Ver a Dios como el Padre perfecto*, mi amigo el pastor Louie Giglio nos ayuda brillante y bellamente a formarnos una imagen bíblica y liberadora de Dios. No dejes de lado este importante y oportuno recurso».

Crowder

Artista, músico y escritor nominado al Grammy

«Conocer el amor de nuestro Padre celestial es liberador y fortalecedor. El mensaje de este libro es oportuno y atemporal. Ayudará a sanar las heridas y a saciar los anhelos más profundos de una generación».

Christine Caine

Fundadora de A21 y Propel

«Creo que Dios usará *Ver a Dios como el Padre perfecto* para sanar las heridas en tu corazón que ni siquiera sabías que tenías».

Levi Lusko
Pastor de la iglesia Fresh Life y autor

«Es demasiado fácil subestimar, subvalorar y subutilizar algunas de las maravillosas bendiciones que tenemos como cristianos. El asombroso privilegio de poder llamar a Dios "Padre" es probablemente uno de los primeros de la lista. Por eso, la brillante enseñanza de Louie en *Ver a Dios como el Padre perfecto* es tan importante: nos recuerda quiénes somos como hijos de Dios y nos reorienta en nuestra relación con él. Este maravilloso libro es una celebración del corazón de Padre de Dios, y de la identidad que nos cambia la vida como hijos e hijas suyos. Te encantará».

Matt Redman
Líder mundial de alabanza, compositor
ganador de un Grammy y autor

«Si buscas liberarte de algo que te han hecho o te han negado, *Ver a Dios como el Padre perfecto* pondrá tus ojos en Aquel que redime todo mal y está dispuesto a colmarte de toda bendición».

Roma Downey
Actriz, escritora y productora

«Habiendo perdido a mi padre cuando era más joven, sé lo poderoso que es saber que Dios será mi Padre perfecto y que nunca viviré un día sin él. Mi Padre celestial llenó cada vacío y nunca se perdió un partido de béisbol, una graduación o un cumpleaños. Creo que este libro, *Ver a Dios como el Padre perfecto*, nos traerá esperanza y sanidad a todos».

Travis Greene
Músico y pastor de la iglesia Forward City

«*Ver a Dios como el Padre perfecto* es un libro poderoso que ofrece una promesa revolucionaria para todos nosotros. Louie describe maravillosamente a un Dios que está a tu favor y no en tu contra, y nos invita a vivir como hijo o hija amados del Rey».

Scott Harrison
Autor del *best seller* del *New York Times*, *Thirst: A Story of Redemption, Compassion, and a Mission to Bring Clean Water to the World*

«*Ver a Dios como el Padre perfecto* es un libro poderoso. Un libro importante. Mi amigo Louie tiene razón: lo que crees acerca de Dios no es solo lo más importante sobre ti, sino que es absolutamente crucial para tu forma de vivir. Lamentablemente, una de las funciones más incomprendidas de Dios es la de Padre. Perdí a mi padre cuando solo tenía nueve meses y sé lo que es carecer de una comprensión sana de quién es Dios en ese sentido. También he descubierto que abrazar a Dios como Padre celestial puede transformar tu vida, llenándote de la realidad permanente de que eres amado, querido, seguro, tienes un propósito importante en este mundo y una inquebrantable esperanza eterna. Por eso le agradezco a Louie que haya escrito un libro tan reflexivo y oportuno sobre la paternidad de Dios. Mi oración es que a través de las sabias y poderosas palabras de Louie, tus ojos se abran al amor impresionante y sacrificado que Dios tiene por ti, para que puedas comprender quién eres como su hijo amado. Porque en esta verdad radica la sanidad, la libertad, la esperanza desbordante y todas las bendiciones eternas que Dios tiene para ti».

Dr. Charles Stanley
Pastor emeritus de First Baptist Atlanta y fundador de Touch Ministries

VER A DIOS
COMO EL

Padre perfecto

Otros libros por Louie Giglio

No le des al enemigo un asiento en tu mesa

Gánale la guerra a la preocupación

Goliat debe caer

La maravilla de la creación

¡Cuán grande es nuestro Dios!

A la mesa con Jesús

Nunca demasiado lejos

Yo no soy, pero conozco al Yo Soy

Louie Giglio

VER A DIOS COMO EL

Padre perfecto

y a ti como amado, buscado y seguro

GRUPO NELSON
Desde 1798

🔁 passionpublishing

A mi padre, Louie Giglio.
A pesar de todos los obstáculos que
tuviste que superar con tu padre,
fuiste un gran padre para Gina y para mí.

A mi suegro, Milton «Bud» Graves.
Un hombre de honor, sabiduría y fuerza.
Estoy muy agradecido por todo lo que
he aprendido observándote.

A todos los padres que hacen
todo lo posible para que sus hijos
reciban la bendición de un padre.

Contenido

Prólogo: ¡¿Puedes verlo?! xvii

Capítulo 1: Anhelando el amor de un padre 1

Capítulo 2: Lo más importante de ti 21

Capítulo 3: Un Dios al que llamar Padre 39

Capítulo 4: Reflexión frente a la perfección 61

Capítulo 5: La historia de dos árboles 81

Capítulo 6: Revertir la maldición 97

Capítulo 7: Descubrir al Padre perfecto 119

Capítulo 8: Apreciar al Padre sin defectos 145

Capítulo 9: Crecer como papá 169

Capítulo 10: Sean imitadores de Dios 187

Epílogo: Tu nueva historia acaba de empezar 207

Agradecimientos 219

Notas 223

Acerca del autor 225

«"Yo seré un padre para ustedes,
Y ustedes serán para Mí hijos e hijas",
Dice el Señor Todopoderoso».

2 Corintios 6:18

¡¿Puedes verlo?!

Una fría noche de diciembre de 2020, algo muy especial estaba ocurriendo en el cielo del suroeste. Desde el tercer piso de nuestra casa, podíamos verlo. O, mejor dicho, podíamos *verlos a ellos*.

Las órbitas de Júpiter y Saturno habían colocado a los dos planetas de tal manera que solo estaban separados por una décima de grado en el cielo, tan cerca que a simple vista parecían uno solo. Al ponerse el sol, la gran conjunción de Júpiter y Saturno iluminó la noche como si fueran una brillante mega estrella.

Lo que estábamos presenciando era impresionante. Y poco frecuente. Aunque esta unión celestial de Júpiter y Saturno se produce cada veinte años, la última vez que estos dos planetas aparecieron tan juntos fue en 1623. Lamentablemente, según los astrónomos, debido a su posición en el cielo con respecto al Sol, la gran conjunción de 1623 no fue visible en la Tierra. Habría que remontarse al 4 de marzo de 1226 para encontrar la última vez que los humanos pudieron presenciar un acontecimiento similar.

¡¿En serio?!

Habían pasado ocho siglos desde que la humanidad fue testigo de tal magnificencia. Júpiter y Saturno se podían ver de una forma rara. ¡Y nosotros estábamos en rara compañía!

Quizá estés pensando: *¿Qué tiene que ver la gran conjunción de Júpiter y Saturno con ver a Dios como el Padre perfecto?*

Me alegro de que hagas la pregunta.

De la misma manera que estos dos cuerpos celestes chocaron en nuestra vista esa noche, proporcionando una revelación impresionante, dos verdades que cambian la vida chocan en las páginas de este libro para brindarte una comprensión de Dios que cambiará tu pensamiento sobre la eternidad.

La primera verdad que cambiará tu vida es esta: *Dios quiere que sepas quién él es.*

Dios no es un ser oscuro que juega misteriosamente al escondite cósmico. No, Dios anuncia su presencia con cada amanecer y declara su belleza con cada sucesiva puesta de sol. Ha hecho un esfuerzo increíble para buscarte y revelarse a ti. Dios quiere que le veas en toda su gloria y esplendor.

La segunda verdad que cambia la vida en las páginas de este libro es esta: *Tú, como toda la humanidad, buscas desesperadamente saber quién es Dios.*

Creados por él y para él, todos tenemos un mecanismo de búsqueda entretejido en nuestra existencia que nos impulsa hacia algo más, alguien más. Sé que es una generalización atrevida, una caracterización a grandes rasgos que puede llevar a algunos de ustedes a poner los ojos en blanco y pensar: *¿Quién se cree que es? ¿Cómo sabe lo que estoy buscando? ¿Cómo sabe siquiera lo que pienso de Dios?*

Al hacer una afirmación tan general, me baso en mi experiencia como ser humano. Sé lo que es buscar las cosas de este mundo y no estar satisfecho. He descubierto que detrás de mis anhelos humanos hay un deseo de encontrar a Aquel que me creó, al Dios que estampó su imagen en mi alma. Si esto es cierto en mi caso, es probable que también lo sea en el tuyo.

El matemático y físico francés Blaise Pascal lo expresó así: «En el corazón de todo hombre existe un vacío que tiene la forma de Dios. Este vacío no puede ser llenado por ninguna cosa creada».[1]

¿Has sentido ese tirón? ¿Has sentido un profundo anhelo interior de que hay algo más?

Pascal concluye que este anhelo únicamente puede ser llenado «por Dios, el Creador, hecho conocido mediante Cristo Jesús».[2]

Qué asombroso sería que experimentaras tu propia gran conjunción mientras viajas a través de este libro: una hermosa colisión entre el deseo de Dios de ser conocido por ti y tu deseo de conocerle a él. De repente, en una gloriosa revelación, puedes encontrar lo que has estado buscando por mucho tiempo y descubrir al Dios que anhela ser encontrado por ti.

Aunque eso suene muy bien, hay algo más específico que Dios quiere revelarte acerca de quién él es. Dios quiere que lo conozcas como el Padre perfecto.

Es cierto que Dios es todopoderoso, rey, Creador, santo, omnisciente, gobernante y Señor. Sin embargo, todos los atributos y nombres de Dios están envueltos en la piel de un Padre. Un Padre que te dio la vida, te hizo único, te ama y quiere formar parte de tu vida.

A primera vista, la realidad de que Dios quiere que te relaciones con él de esta manera puede ser buena o no tan buena noticia, dependiendo de qué pensamientos inunden tu mente y qué emociones llenen tu corazón cuando escuchas la palabra *padre*. Para algunos, la noción de *padre* les hace sentirse protegidos y fuertes, amados y guiados. Sin embargo, para otros el *padre* golpea de forma diferente y aflora sentimientos de pérdida, frustración y dolor. Si te encuentras en este último bando, escuchar que Dios quiere que lo conozcas como Padre puede ser una lucha.

Tristemente, no es un secreto que muchos niños nacen en hogares sin un padre presente. Si a esta realidad le añadimos el divorcio, la muerte, la distancia, la disfunción y el desinterés, somos muchos los que nos preguntamos si le importamos en lo absoluto a nuestro padre terrenal.

Llevo décadas compartiendo el mensaje de *Ver a Dios como el Padre perfecto*. He visto cómo este mensaje puede aterrizar de manera diferente en los corazones y las mentes de las personas. Hace años, después de hablar a un grupo de estudiantes universitarios, un joven me dijo: «Si Dios es como mi padre, no me interesa». Afortunadamente, Dios es mucho mejor que cualquier padre terrenal, especialmente aquel que dejó una relación y un corazón roto a su paso.

Aquí está la buena noticia: Dios no es una versión más grande de tu padre. Es la versión perfecta de tu padre, y mucho más. Esa es la belleza esperanzadora en la gran conjunción que Dios está esperando que descubras.

En una increíble colisión encontramos que podemos vivir con la bendición del Padre en nuestras vidas y caminar en una relación íntima con el Dios de la creación. Podemos conocer a Dios como un Padre que es perfecto en todos sus caminos. Es más, podemos llegar a saber quiénes somos verdaderamente en él: hijos e hijas amados de un Padre celestial perfecto. Él puede transformar nuestras vidas a través del poder de ese amor perfecto para que, sin importar la pérdida que hayamos sufrido en la vida, podamos vivir libres.

Tanto si pensamos en esa experiencia potencialmente dolorosa como en la experiencia feliz de conocer el abrazo de nuestro padre terrenal, la mayoría de nosotros admitiría que queremos y necesitamos la bendición de un padre. Queremos oír a nuestro padre decir: «Te quiero. Estoy orgulloso de ti. Estoy aquí para ti».

Precisamente por eso Dios se revela como el Padre perfecto. Quiere que te relaciones con él de esta manera. Quiere que vivas sabiendo que el Dios de la creación te ama como hijo. Quiere que vivas bajo la catarata de su bendición.

Dios no es un enigma que haya que resolver. Es un Dios revelador. Él quiere ser visto. Él desea ser conocido. Y Dios te ha estado persiguiendo desde antes de que nacieras. Fuiste hecho por él y para él. Por eso has estado buscando algo de significado más allá del aquí y ahora.

La revelación más visible y completa de Dios se encuentra en la persona de Jesucristo: Dios en carne humana. En su nacimiento, cuando algo parecido a la gran conjunción apareció en el cielo antiguo para guiar a los sabios hacia él, le llamaron Emmanuel, que significa *Dios con nosotros*.

En Cristo, Dios iluminaba las tinieblas de una manera inconfundible.

¿Puedes verlo?

Aquel lunes de diciembre, Shelley y yo tuvimos la suerte de ver Saturno y Júpiter desde el rellano del tercer piso, encima de nuestras escaleras. Justo encima del edificio de enfrente, en un hueco entre los imponentes pinos, pudimos ver este raro fenómeno con nuestros propios ojos. Un primer plano con prismáticos para observar las estrellas lo hizo aún más maravilloso, pero la cuestión es que tuvimos la suerte de tener una vista entre los edificios de apartamentos de mediana altura de nuestra zona de la ciudad.

No tienes que preocuparte de si tendrás o no una buena vista de lo que Dios quiere que veas. Él se ha asegurado de que su amor por ti sea visible desde cualquier lugar del planeta.

Jesús ha dejado profundamente claro el amor de Dios por ti. Él dio su vida por ti en la cruz para que pudieras nacer de nuevo a través de la fe en él. Más específicamente, Jesús dio su vida por ti para que pudieras convertirte en un hijo de Dios.

¿Lo has captado?

Jesús asumió nuestro pecado y vergüenza y murió en nuestro lugar para que pudieras convertirte en un hijo de Dios. Para que supieras quién eres y de quién eres. Para que pudieras llamar Padre al Dios todopoderoso. Para que pudieras vivir con la bendición de un Padre perfecto todos los días de tu vida. Para que puedas crecer y ser como él.

Nos espera la gran conjunción de una nueva relación con Dios. Pongámonos en marcha mientras pasamos de página y profundizamos en este deseo de bendición paterna.

Capítulo 1

Anhelando el amor de un padre

Cuando era pequeño, me encantaba que mi padre viniera a verme a un partido de las ligas menores o, cuando era muy pequeño, a pasar la tarde en la piscina.

Nuestro complejo de apartamentos tenía dos piscinas, una de las cuales estaba cerca del edificio veintinueve, donde vivíamos. Allí es donde nos encontrábamos mis amigos y yo los días de verano: corriendo, saltando, zambulléndonos, salpicando. Papá trabajaba durante el día y los sábados se dedicaba al golf, por lo que no solía ir a la piscina del barrio. Como la mayoría de los niños, siempre tenía la esperanza de que mi padre apareciera.

Por cierto, esto no es una crítica a las madres. Por supuesto que mamá estaba en la piscina. Quién si no habría llevado los flotadores, la heladera, las toallas y las meriendas (mamás, ¡las queremos!). A menudo, mamá era subestimada y la fuerza estabilizadora de nuestro universo, como la gravedad o las leyes de movimiento de Newton.

Pero cuando papá hacía su aparición, ¡me volvía loco!

Recuerdos como este me traen a la memoria nuestras vacaciones familiares anuales en Florida cuando era pequeño. Nuestra familia se alojaba todos los años en el mismo motel, un sencillo establecimiento de los años sesenta, situado junto a la playa, que constaba de dos edificios de dos plantas con habitaciones eficientes situadas una frente a la otra sobre un césped. La piscina estaba entre los dos edificios, cerca del estacionamiento.

Todos los niños (normalmente nos íbamos de vacaciones con otras dos o tres familias) pasábamos la mayoría de las mañanas en la piscina esperando a que nuestros padres volvieran de pescar en alta mar o de jugar al golf por la mañana temprano. Cuando los padres regresaban al motel, seguramente agotados por el calor sofocante, la exclamación tan común surgía de la piscina.

«¡Papá está aquí! ¡Geniaaaaal!».

Nuestro entusiasmo pronto se convirtió en cánticos de: «¡Papá, papá, ven a la piscina!». Pronto seguido por el grito invariable:

«¡Papi, mírame!».

En cuanto llegaba papá, me moría de ganas de mostrarle lo que sabía hacer, lo que había aprendido: mi mejor zambullida, mi mejor chapuzón, mi mejor nado bajo el agua, mi mejor salto. Así que volvía a gritar, y más fuerte: «¡Papá! Mírame». «¡Papi! ¡Papi! ¡Mira lo que puedo hacer!». «Mírame flotar de espaldas». «¡Mírame saltar a la piscina!». «¡Mírame, papi!». «¡Voy a hacer mi zambullida corriendo!». «¡Mírame!». «¡¿Me estás mirando, papi?!». «¡Paaaaapiiiii».

¿Qué estaba ocurriendo en ese momento?

Deseaba desesperadamente que mi padre me mirara. Quería que validara mis nuevas habilidades. Quería que reconociera lo especial que era para él. Quería que celebrara lo que podía hacer. Quería que me animara. Quizá solo quería que me mirara y me dijera: «Te veo». Quería que *estuviera presente*. Para mí.

¿Todavía puedes sentir ese momento, o un momento parecido?

Puede que para ti una escena como esta se desarrollara en el trampolín del patio trasero. O tal vez se desarrolló en tu partido de baloncesto, cuando viste a tu padre entrar en el gimnasio durante el descanso. O puede que tu momento «papá está aquí» ocurriera en tu recital de piano cuando, después de mirar repetidamente por el telón antes de que te tocara tocar, por fin viste la silueta de tu padre en la puerta.

En ningún caso insinuabas que la opinión de mamá no importara, que su aprobación no fuera importante. De hecho, quiero decir desde el principio que este libro no pretende restar importancia al increíble e insustituible papel que desempeñan las madres en nuestras vidas. Su bendición es esencial, y no podemos florecer plenamente en la vida sin ella. Lo que ocurre es que hay algo diferente —y especial— en lo que tu padre piensa de ti.

Ese deseo innato

Tal vez esa bendición paterna haya estado presente en tu vida, pero quizá no. Puede que los episodios de la piscina descritos anteriormente sean sueños lejanos para ti, algo que has anhelado, pero que nunca has experimentado. O tal vez la bendición estuvo presente durante un tiempo, pero luego sentiste que se alejaba. O puede que la aprobación nunca existiera de la forma que tú la querías. Siempre sentiste que se basaba en el rendimiento y no era incondicional.

Ese es el punto álgido al que queremos llegar en este libro. Porque ese anhelo de afecto y aprobación de un padre es innato y universal, y muchos de nosotros no siempre obtuvimos lo que ansiábamos del hombre responsable de traernos a este mundo.

No cabe duda de que ese anhelo existe cuando crecemos. Cuando somos pequeños, anhelamos la atención y la aprobación de nuestro padre, y deseamos tanto oírle decir:

«Ay, niña hermosa, eso fue increíble».

«Vaya, Ace (así me llamaba mi padre), ha sido el mejor partido de todos los tiempos».

«¡Te veo, Princesa! ¡Hazlo otra vez!».

«¡Así se hace, hijo! Estás mejorando mucho».

Sin embargo, ese anhelo sigue existiendo también cuando somos mayores, aunque se manifieste de formas diferentes y más complejas. Todos buscamos desesperadamente la aprobación de un padre, sea cual sea nuestra edad. Un estudio reciente publicado en *Psychology Today* subraya esta necesidad de la aprobación de un padre, incluso en las etapas de la vida en las que hemos madurado y alcanzado niveles de éxito. La Dra. Peggy Drexler escribe:

> «En mi investigación sobre las vidas de unas setenta y cinco mujeres de alto rendimiento y claramente independientes, sabía que encontraría una poderosa conexión entre ellas y los primeros hombres de sus vidas. Lo que me sorprendió fue lo profundo (y sorprendentemente tradicional) que es el vínculo,

lo poderoso que permanece a lo largo de sus vidas y lo resistente que puede ser, incluso cuando un padre le ha causado un daño grave. […] Por muy exitosas que fueran sus carreras, por muy felices que fueran sus matrimonios o por muy plenas que fueran sus vidas, las mujeres me contaron que su felicidad pasaba por el filtro de las reacciones de sus padres. Muchas me dijeron que intentaron eliminar el filtro y, para su sorpresa, no lo consiguieron. Sabemos que los padres desempeñan un papel clave en el desarrollo y las elecciones de sus hijas. Incluso en el caso de las mujeres cuyos padres habían sido negligentes o abusivos, *descubrí un hambre de aprobación*. Querían una relación cálida con hombres que no merecían relación alguna».[3]

¿Has captado la frase clave: «hambre de aprobación»? Lo mismo puede decirse tanto de los hijos como de las hijas. Según el Dr. Frank Pittman, autor de *Man Enough* [Suficientemente hombre]: «La vida para la mayoría de los niños y para muchos hombres adultos es una búsqueda frustrante del padre perdido que aún no ha ofrecido protección, provisión, crianza, modelo, o especialmente una unción».[4] Esta palabra *unción* se refiere a ser elegido, bendecido... aprobado. Todos estamos desesperados por la aprobación de nuestros padres, pero no siempre la tenemos.

Sin esta aprobación, podemos sentirnos abandonados, desamparados o repudiados. Podemos sentirnos ignorados, aislados, rechazados o juzgados. Hay una especie de sed que no podemos saciar por nosotros mismos, un agujero que no podemos llenar por mucho que lo intentemos. Este vacío, esta falta de la presencia y la aprobación de un padre, puede sentirse como una sombra que siempre está ahí, una pieza intangible que nos falta y que ni siquiera sabemos cómo encontrar. En palabras del

Dr. Drexler, nuestra felicidad o satisfacción o contento o paz sigue pasando por «un filtro de reacciones [de nuestro padre]».

Y cuando esa aprobación no existe, sentimos que no importamos. Quizá la palabra que habrías elegido sería *enfadado* o *abandonado* u *olvidado* o *completamente solo*.

Lo describas como lo describas, en el fondo hay una sensación aleccionadora de que tu padre se preocupaba más por otra cosa que por ti.

Quiero que sepas esto: el Dios del cielo no se irá por el camino sin ti. No te está abandonando ni está tratando de infligirte dolor.

Sé que incluso mencionar esta necesidad de la aprobación de un padre puede ser problemático para ti, podría tocar un nervio cercano a la superficie o una herida que intentaste enterrar veinticinco metros bajo tierra, y estás pensando: *No quiero recordarme.* También es posible que, aunque solo hayas leído unas pocas páginas de este libro, te des cuenta de que los problemas con tu padre son más reales de lo que te gustaría admitir. Tal vez los muros ya se están levantando alrededor de tu corazón.

Por otro lado, algunos de ustedes tuvieron padres estupendos, y saben lo que es vivir bajo los rayos de la bendición de un padre, la maravillosa luz del amor de un padre. Si esa es la historia de tu vida, es algo para celebrar y por qué estar agradecido, pero no deseches este libro pensando que no es para ti. Te prometo que hay una gran recompensa esperándote en estas páginas mientras descubres más de lo que significa ser un hijo o una hija amada del Rey.

Lo más probable es que muchos de ustedes nunca hayan conocido la bendición —o la bendición *completa*— de su padre terrenal. Y lo que es peor, algunos de ustedes están atascados

El Dios del cielo

no se irá por el camino sin ti.

con el hecho de que la posibilidad de escuchar alguna vez a su padre decir: «Te quiero y estoy orgulloso de ti», se ha esfumado, se fue por la muerte, la distancia o el desinterés. La bendición que anhelas está sumida en un pozo de arrepentimiento, dolor o abandono. Esta es tu realidad y poco o nada puedes hacer para cambiarla. Sientes que es demasiado tarde.

Todos tenemos experiencias diferentes con nuestros padres. Sin embargo, lo que nos une es la necesidad que está entretejida en nuestras almas: la necesidad de ser amados, apreciados, tenidos en cuenta y aceptados por nuestros padres. Por muy desafiantes que seamos tratando de rechazar el anhelo que hay en nuestros corazones de recibir la bendición de un padre, la seguimos necesitando. En el fondo, todos debemos tenerla. Todos estamos incompletos sin ella. Nuestras vidas se alejan de los días de verano en la piscina cuando éramos niños, pero la necesidad de la aprobación de un padre siempre está ahí.

Entiendo que este libro llega a las manos de personas de toda condición y edad. Si tienes veintitrés años y vienes de ocho años de miseria desde que tu padre se separó, puede que estés más en contacto con lo que digo que otros. También es cierto que, si eres una persona de cuarenta y nueve años que vive en el Upper East Side de Nueva York, cuya carrera está en auge y estás leyendo esto ahora en tu casa de fin de semana de los Hamptons, es igual de probable que necesites desesperadamente la aprobación de tu padre.

Todos estamos intrínsecamente diseñados para florecer bajo la catarata de la bendición de nuestro padre. Si algo va mal y ese flujo necesario se desvía, el aguijón que sentimos es real, y las consecuencias río abajo no pueden ignorarse, aunque intentemos alejarlas.

En mi caso, esto quedó muy claro cuando tenía dieciocho años y una de las decisiones más importantes de mi vida surgió de la nada. Como muchos estudiantes universitarios de primer año, aún no tenía un plan de vida sólido. Mi plan era subirme a la ola del tenis tanto como pudiera. Después de convertirlo en la principal obsesión de mi vida durante los últimos años de la secundaria, pensé que podría intentarlo en la Universidad Estatal de Georgia y esperar lo mejor. Ese tren ni siquiera había salido de la estación cuando me lesioné al principio de las pruebas de otoño. Pronto me di cuenta de que ese camino era poco realista (no era lo suficientemente bueno) e inalcanzable debido al desgarro muscular en el costado, aunque hubiera sido bastante bueno. Podría haber optado por esforzarme, pero me habría quedado tan atrás que nunca me habría puesto al día.

Sin embargo, Dios tenía un plan diferente.

No me había dotado para dar golpes de revés de una mano con precisión milimétrica. No, mi habilidad estaba en la comunicación. Hablar en público, concretamente. Aunque no me había dado cuenta del todo, me sentía totalmente cómodo hablando delante de la gente (aunque los investigadores dicen que es el miedo número uno de la mayoría de las personas) y tenía una habilidad superior a la media para hacerlo. Eso me brindó oportunidades, ya fuera para hablar ante el alumnado de la escuela o para dar una breve charla en un viaje misionero con el grupo de jóvenes de la iglesia. Y eso me llevó a un camino que nunca habría imaginado cuando me rompí ese músculo del costado.

Cada vez que surgía una ocasión en la que alguien tenía que dar un paso al frente y hablar en el momento oportuno, la gente siempre me miraba a mí. Y aunque esos primeros intentos de influir y animar a la gente a través de mensajes orales no fueron del todo buenos, la gente decía que lo había hecho bien, y entonces se me presentaban más oportunidades.

Poco después de que mi sueño de jugar al tenis se fuera a pique, desenredando mi corazón de esa obsesión, Dios llegó con un anuncio sorprendente: me llamaba a predicar. Admito que no me lo esperaba, pero tenía sentido. Todas mis experiencias y pasiones, así como mi incipiente habilidad, se alineaban con su llamado. Sentí como si de repente me concentrara en comprender la manera única en que Dios me había dotado y en ver cómo eso podría conducirme a un camino en la vida.

Nuestra naturaleza intrínseca

Dios nos ha dotado a cada uno de nosotros de habilidades, aptitudes y deseos únicos. En algún lugar de todo esto se encuentra el don con el que fuimos creados: el camino que seguiremos en la tierra. El corazón de nuestra razón de ser es conocer y amar a nuestro Creador y disfrutar de él para siempre. Nada es más importante que eso; nada supera ese propósito fundamental. Sin embargo, dentro de nuestra relación con Dios, él nos adapta para que hagamos nuestras contribuciones únicas al bien mayor para su gloria, dando individualmente a nuestras vidas un significado y una dirección muy específicos.

Su plan para ti no es la mera existencia. Es mucho más que un trabajo monótono que no soportas y en el que no eres bueno. Él ha entretejido en tu corazón un don y un sueño para que puedas invertir tus días en actividades significativas que hagan que tu corazón cobre vida y ayuden a que los corazones de los demás también cobren vida.

Volviendo a la Universidad Estatal de Georgia, con mi nueva vocación, empecé a entender que mi propósito era contar la historia de Jesús al mundo. Esta comprensión iba acompañada de inquietud y entusiasmo, pero mi corazón ardía con deseos de decir sí a Dios, un deseo que abrumaba mis temores. Mi pastor me animó a dedicar dos semanas a la oración y a sumergirme en la Palabra de Dios.

Al final de las dos semanas, obtuve mi respuesta y estaba listo para decirle a mi iglesia que estaba rindiendo mi vida al llamado de Dios al ministerio, a predicar.

Estaba entusiasmado, excepto por una cosa: tenía que decírselo a mi padre.

Mi padre era increíble. Pero cuando se trataba de la parte más importante de mi vida, mi relación con Jesús, no teníamos mucho en común. Nuestra familia era biconfesional desde el principio. Papá era católico no practicante y asistía de vez en cuando a nuestra iglesia bautista, pero nunca adoptó mucho el «camino de Jesús». Mamá era una santa que oraba. Estaba totalmente a favor de Jesús y de la iglesia. Mamá iba a estar encantada con mi vocación. Allí no había ningún problema. Pero papá no iba a saber cómo procesar mi decisión, y yo no estaba seguro de cómo iba a decírselo. Así que postergué hablar del tema con él todo lo que pude.

Pasaron los días y, de repente, llegó la noche del domingo en el que tenía previsto anunciar mi decisión en la iglesia cuando se les pedía a la gente responder al llamado. Sabía que el tiempo apremiaba. No podía hacer semejante declaración delante de toda la iglesia sin decírselo antes a mi padre. Pero ¿cómo podía darle una noticia así? A última hora de la tarde, entré en la cocina de nuestro apartamento, donde mi padre estaba calentando unas sobras en el fuego. Tragué saliva, abrí la boca y oí cómo salían las palabras.

«Papá, tengo una gran noticia. Siento que Dios me llama a ser predicador y voy a anunciarlo a la iglesia en la reunión de esta noche, y sería genial si pudieras estar allí».

Hubo un silencio incómodo.

Papá se quedó en blanco. Estaba conmocionado. Desprevenido. Es cierto que le había puesto en un aprieto al darle la noticia de mi decisión de una forma tan espontánea. Al final, consiguió decir: «Estupendo, Ace».

Su expresión lo decía todo.

Podía darme cuenta de cómo daban vueltas sus pensamientos: *Mi hijo va a ser un predicador bautista.* Todos los hijos de sus amigos de golf y póquer jugaban al fútbol en Auburn o planeaban ser abogados, contables o algo respetable. El hijo de un amigo iba a hacerse cargo del negocio familiar. Esta semana, mientras se repartía una nueva mano en la mesa de juego de los viernes por la noche, acabaría llegando la pregunta: «Lou, dime otra vez, ¿qué hace tu hijo?».

Eh, cree que va a ser predicador.

Eso es lo último que mi padre quería decir a través de la nube de humo de cigarrillos alrededor de la mesa de póquer. Dios había puesto una llamada cautivadora en mi vida, pero por lo que yo podía ver, mi padre estaba decepcionado. Desde el primer momento, aquel domingo en la cocina, supe que nunca podríamos compartir plenamente el viaje en el que me embarcaba para el resto de mi vida. En los días siguientes, sentí que se acumulaba una tensión en mi corazón. Por un lado, estaba entusiasmado por haber encontrado la verdadera vocación de mi vida. Pero, por otro lado, quería la aprobación de mi padre. Quería su bendición.

Lamentablemente, mi padre no acudió a la reunión en la iglesia aquella noche. Lo que al principio era una brecha incómoda entre mi andar con Jesús y el suyo, ahora era un pequeño corte justo a un costado de mi corazón. Sabía que papá no tenía una mala intención al no venir, pero de todos modos me dolió un poco. Más que nada, quería tener su aprobación.

¿No lo queremos todos? Queremos que nuestros padres nos vean. Que reconozcan lo que podemos hacer. Que valoren lo que somos. Que nos animen y nos digan que nos quieren.

Entiendo que, para algunos de ustedes, la historia sobre la reticencia de mi padre a celebrar inicialmente mi vocación resonará, mientras que para otros produce una gama de emociones completamente diferentes. Quizá pienses: *Tienes suerte, Louie. Mi padre ni siquiera estaba allí para hablar de mis elecciones vitales y mis grandes decisiones. Y si hubiera estado, quizá me habría tirado por la cocina enfadado y habría maldecido a Dios.*

Quizá para algunos de ustedes la frase que escucharon cuando le confiaron a su padre sus sueños fue: «Buena suerte con eso. Dudo que alguna vez llegues a ser algo».

Tal vez tu padre se burló de tu ambición. O quizá intentó superponerte su plan para tu vida.

Todos tenemos experiencias diferentes con nuestros padres, pero el anhelo de la aprobación paterna es el mismo.

Algunos de ustedes han recibido plenamente esa bendición y están pensando: *¡Yo quiero a mi papá!* Cuando compartiste tus sueños con él, te dio esa aprobación y sonrisa tranquilizadoras y te dijo que haría todo lo posible por ayudarte. Ese tipo de padre es un regalo, y si tienes un padre así, ¡espero que hoy le des las gracias de nuevo! Sin embargo, para otros hay un silencio palpable e incómodo al leer esto, y estás pensando en dejar este libro. No quieres descubrir las capas de tu corazón para examinar la relación con tu padre. Es demasiado doloroso, y las heridas son demasiado recientes, demasiado reales.

Te animo a que te quedes conmigo. Sigue leyendo. ¿Por qué? Porque Dios te está ofreciendo una promesa que tiene el poder de cambiar tu vida para siempre.

La respuesta del Padre celestial

La promesa es esta: no importa cómo estén las cosas con tu padre terrenal, tienes un Padre perfecto en el cielo que te ama y quiere derramar su bendición sobre ti.

Las Escrituras lo dicen de esta manera: «Porque aunque mi padre y mi madre me hayan abandonado, el SEÑOR me recogerá» (Salmos 27:10).

Incluso si la bendición de nuestro padre se nos escapa, el amor de nuestro Padre celestial todavía puede encontrarnos. Aunque nuestro padre haya muerto o se haya ido, nuestro Padre Dios aún puede abrazarnos y levantarnos. El hecho de que hayamos experimentado una ruptura en nuestra relación con nuestros padres no significa que no podamos experimentar una recuperación milagrosa en nuestra relación con Dios. Aunque llevemos heridas infligidas por nuestros padres, Dios puede restaurarnos, sanarnos y hacernos enteros.

Puede que te parezca una idea descabellada, como una promesa incoherente e imposible. O puede que pienses, como mucha gente: *Si Dios se parece en algo a mi padre terrenal, entonces no quiero tener nada que ver con él.*

Todos tenemos diferentes historias paternas que contar. La mía en su mayor parte es buena; y aunque mi padre no era perfecto, nos quería a mi hermana y a mí e hizo todo lo que pudo. Puede que tu experiencia con tu padre sea la peor, una historia marcada por la tragedia de la que es demasiado doloroso hablar. Sin embargo, aquí está la posibilidad que descubriremos en este libro: no importa lo que haya sucedido de este lado de la eternidad entre tú y tu padre, tú eres valorado y buscado por Dios.

Tal vez puedas relatar rápidamente los lugares y momentos exactos y las formas en que fuiste abandonado por tu padre. Fuiste abandonado. El recuerdo es vívido y real. Fuiste derribado. Te mintieron. Te hirieron. Te rechazaron. Te desvalorizaron. Te ignoraron. Te exigieron un nivel que nadie podía cumplir.

Sin embargo, incluso cuando somos abandonados por aquel cuya bendición más necesitamos —uno de los golpes más debilitantes de la vida— sigue existiendo una maravillosa promesa: «El Señor me recogerá».

Dios es un Padre, pero no es igual que tu padre terrenal. Su corazón es bueno y sus brazos fuertes.

Aunque la historia de tu vida hasta la fecha puede ser un enredo de traiciones, decepciones y derrotas, la historia registra que el Dios del cielo está a tu favor. Él te creó. Él te ve. Y quiere que conozcas la alegría de ser hijo de Dios y de tener al Padre más excelente posible. Él mismo quiere ser tu Padre, y quiere colmarte de su bendición. Él quiere levantarte, mostrarte cómo navegar en la vida, ayudarte a crecer fuerte, y animarte mientras persigues la pasión que Dios te ha dado. Él quiere poner la red de seguridad de su amor debajo de ti para que puedas desplegar tus alas y levantar vuelo sin que el miedo paralizante del fracaso te detenga.

No es lo mismo que vuelva tu padre o que se convierta en un padre diferente del que era o es. No hay que descartar la bendición que Dios quiere darte. De hecho, la bendición del Padre Dios va mucho más allá de cualquier relación humana. El mejor padre terrenal posible dando la bendición más excelente no puede compararse con la sonrisa de tu Padre celestial. Su amor es sobrenatural y poderoso, interminable e inexpugnable.

Y su amor significa esto para nosotros:

Nadie que le conozca como Padre se quedará atrás.

Nadie se quedará huérfano.

Nadie saldrá indeseado.

Nadie terminará en el abuso y la traición.

Nadie tendrá que vivir sin el amor de un padre.

Nadie. Nunca.

Dar el salto

Todo lo que Dios te pide es que le des una oportunidad. Mientras viajamos juntos a través de estas páginas, él quiere abrir tus ojos para que lo veas como la clase de Padre que realmente es. Dios quiere derribar cualquier concepto erróneo que se haya formado en tu mente acerca de él como resultado de tus experiencias o por lo que has oído decir a otros acerca de él. Y él quiere caminar contigo a través de las cosas difíciles, el dolor que has soportado como resultado de una relación rota o tensa con tu padre.

Dios quiere llevarte al lugar donde creas y recibas que lo que él dice es verdad cuando habla de ti como hijo o hija del Rey del universo. Y él quiere que vivas sin miedo y libre. Él siempre está preparado y listo para dar un paso hacia ti. Solo necesitas darle el visto bueno, y disponerte a dar un paso simple y pequeño hacia él.

Volvamos a aquel día de verano en la piscina, porque puede ayudarnos a entender cómo va a ser este paso hacia Dios. Para mí, la llegada de papá a la piscina desataba gritos de «Papá, mírame», y a veces, si tenía suerte, papá se metía en el agua conmigo. Entonces era cuando las cosas se ponían realmente divertidas. La mayoría de las veces intentaba «mojar» a mi papá, es decir, sumergirlo rodeándole la cabeza con los brazos y apoyando todo mi peso en él, algo que nunca logré hasta la adolescencia.

Cuando era más joven, papá siempre quería que saltara hacia él desde el borde de la piscina. ¿A alguien más le pasó esto? Yo apenas sabía nadar, pero papá quería que saltara. De pie en el agua hasta la cintura, a un metro o dos del borde de la piscina, extendió los brazos y me hizo señas para que «saltara». Inseguro, miré al agua —que parecía un océano a punto de tragarme— y luego a papá. El agua. A papá. Agua. Papá. Mamá. Agua. Papá.

Finalmente, salté, superando mi temor, y descubrí que el corazón de papá era bueno y sus brazos fuertes. Repetía esto mientras papá se alejaba del borde de la piscina y me pedía que confiara más en él. En cada oportunidad, su corazón era bueno y sus brazos fuertes.

Tal vez para ti hubo un contratiempo porque el loco tío Billy se metió en la acción y fue un poco taimado o desquiciado y cuando te alzabas en vuelo él se retiraba permitiendo que te hundieras en el abismo antes de ponerte a salvo. Todavía estás un poco asustado al leer esto. Pero, en general, la mayoría de los padres eran sinceros y dignos de confianza. Sus corazones eran buenos y sus brazos fuertes. El resultado fue un breve momento de terror en el aire, seguido de muchas risas y alegría una vez en manos de nuestros padres.

Del mismo modo, Dios te invita a dar un paso hacia él. Puede parecer arriesgado, y puede que estés luchando contra pensamientos que te hacen huir de la idea, temiendo que te sumerjas en el fondo del abismo. Si sales a flote, resurgirá el dolor del pasado. O puede que algo te esté diciendo que si saltas, Dios será como el loco tío Billy y te defraudará.

No obstante, este podría ser el escenario más probable: después de un pequeño e incómodo momento mientras comienzas a soltarte de lo que sea que estés usando para lidiar con la ausencia de la bendición de tu padre, darás ese pequeño salto y encontrarás tu corazón riéndose en los brazos de un Padre que te está ofreciendo la mejor bendición que jamás pudiste conocer.

Puede que el viaje a través de estas páginas no esté exento de dolor, pero confío en el poder del mensaje de este libro y lo he visto transformar corazones a lo largo de los años. Como mencioné en el prólogo, compartí estas verdades por primera vez en un estudio bíblico universitario hace más de treinta años, y he tenido el privilegio de compartirlas con solteros, adolescentes y personas de todas las edades. Cada vez que las comparto, Dios se abre paso en los corazones de las personas (incluido el mío) y abre los ojos para que lo vean como realmente es. Estoy orando y creyendo que él lo hará nuevamente para ti.

Conocer a Dios íntimamente como el Padre perfecto al que puedes amar y en el que puedes confiar, en el que puedes apoyarte y al que puedes seguir, puede parecer un espejismo en un desierto de esperanzas y sueños desinflados. Es posible y probable que cuando termines la última página de este libro, te encuentres en un lugar completamente diferente en tu acercamiento a Dios y en tu comprensión de la forma en que él te ha estado persiguiendo todo este tiempo.

El trabajo preliminar viene a continuación. Te invito a que pases a la siguiente página y sigas leyendo, porque ha llegado el momento de descubrir lo más importante de ti.

Capítulo 2

Lo más importante de ti

El deseo de la bendición de un padre es una de las fuerzas más poderosas de nuestras vidas. Y el objetivo de este libro es ayudarte a encontrar la libertad a medida que experimentas a Dios como el Padre celestial perfecto.

Hay algo aún más poderoso, más esencial, más central en lo que tú eres, que tenemos que explorar juntos primero. Sienta las bases para que lleguemos a conocer a Dios de un modo personal e íntimo, y me atrevería a decir que es lo más importante de cualquier persona, incluido tú.

- No es de donde eres.
- No es tu nivel de educación.
- No se trata de lo que los demás piensen de ti.
- Ni siquiera es lo que piensas de ti mismo.
- No se trata del tipo de familia que tengas.
- No se trata de cuáles son tus dones y habilidades.
- No se trata de lo que has superado.
- No se trata de lo que poseas o dejes de poseer.
- No se trata de lo que hayas hecho o dejado de hacer.

- No se trata de tu tipo de personalidad.
- No se trata de tu aspecto, tu inteligencia, tus amigos o tu influencia.
- No se trata de tus victorias o tus derrotas.

No. Lo más importante de ti es *lo que piensas cuando piensas en Dios*.

Puede que esto tenga mucho sentido para ti, o puede que te sorprenda un poco. Sé que es una gran afirmación, pero si lo piensas detenidamente, verás que nada en ti importa más que lo que piensas de Dios. Es lo más esencial y definitorio de ti.

Uno de mis primeros mentores, Dan DeHaan, nos pintó esta idea muy vívidamente a mis amigos y a mí cuando éramos adolescentes. Todavía puedo oírle decirlo en una de sus charlas en nuestro campamento de verano: «Lo más importante de ti es lo que piensas cuando piensas en Dios». A Dan se le iluminaban los ojos cuando lo decía. De hecho, sus ojos se iluminaban cada vez que empezaba a hablar de Dios.

Por y para

Unos años más tarde, tras su repentina muerte, descubrí que Dan estaba muy influido por otra voz legendaria de una generación anterior: el teólogo y pastor A. W. Tozer. En su conocido libro *El conocimiento del Dios santo*, Tozer lo dice de esta manera: «Lo que nos viene a la mente cuando pensamos en Dios es lo más importante de nosotros».[5]

¿Por qué Tozer hizo una afirmación tan general sobre todos nosotros? ¿Por qué escribiría algo tan inclusivo, tan poderoso y completo, sobre ti y sobre mí? ¿Nos conocía? ¿Sabía algo de tu vida y de tu historia o de la mía?

Tozer no necesitaba conocernos individualmente porque sabía lo que Dios dice de nosotros en Colosenses 1:16, donde encontramos la piedra angular de esta verdad. Este versículo dice: «Todo ha sido creado por medio de él y para él».

¿Has captado el doble énfasis de ese versículo? En primer lugar, fuiste creado *por* Dios. Él es tu fuente de origen. No te hiciste a ti mismo. No sucedió al azar o por algún accidente cósmico. Puesto que Dios te hizo, eres increíblemente importante, valioso y apreciable. Y segundo, fuiste hecho *para* Dios. Ese es tu propósito principal sobre el planeta Tierra ahora y para siempre. Cuando Dios te creó, no te dejó en una roca en el espacio y se despidió de ti para no volver a tener nada que ver contigo. La razón por la que te hizo fue para que pudieras conectar con él en una relación vital. En tu ADN hay un mecanismo de respuesta que te permite hacer exactamente eso.

Puesto que fuimos hechos *por* Dios y *para* Dios, nuestros corazones buscan al Dios *por* quien y *para quien* fuimos hechos. Nuestras almas quieren responderle. Como un dispositivo de búsqueda, hay algo en todos nosotros que nos atrae magnéticamente hacia Dios.

Sin embargo, muchas personas luchan contra esta atracción. Intentan ignorarla. Apartan la idea de Dios de su visión del mundo e intentan fingir que la atracción no existe. Sin embargo, no se puede ignorar a Dios. Al menos no definitivamente. Al final, todo el mundo acepta la atracción y al menos piensa en Dios, aunque nunca lo admita en voz alta. Esto se debe a que la fuerza que nos atrae hacia Dios está integrada directamente en nuestras almas. Estamos diseñados para sentir esta atracción en nuestro interior.

«Por una ley secreta del corazón, tenemos la tendencia de

acercarnos hacia la imagen mental de Dios que poseamos».

A. W. Tozer

Hechos 17:25-28 habla cómo Dios «... da a todos vida y aliento y todas las cosas», y que lo hizo así «para que buscaran a Dios, y de alguna manera, palpando, lo hallen, aunque Él no está lejos de ninguno de nosotros». Es una repetición de la misma idea: que fuimos creados *por* Dios y *para* Dios, y por eso nos sentimos constantemente atraídos hacia él.

Si alguna vez has sentido un tirón en tu corazón hacia Dios, eso es tu mecanismo de respuesta primaria. Dios puso ese tirón allí. El matiz del lenguaje original en Hechos 17 significa que lo buscamos a tientas como si estuviéramos en una habitación a oscuras con los ojos cegados y el suelo desordenado, tratando de sentir el camino a seguir. Sabemos que hay algo mayor que nosotros, más fuerte, más grande e importante.

El lenguaje de Hechos 17 no presenta a Dios como un ser siniestro con un sentido del humor retorcido que nos hace tropezar en la noche en busca de él. Más bien, la imagen es de lo que el pecado nos ha hecho a ti y a mí; nos ha cegado para que no veamos a Aquel que nos hizo por y para él, mientras nos aferramos a cosas menores que, en última instancia, no pueden satisfacer el anhelo de nuestros corazones.

¿A quién buscamos? ¿Dónde? Afortunadamente, Hechos 17 dice que Dios «no está lejos de ninguno de nosotros». Y un poco más adelante, en *El conocimiento del Dios santo*, Tozer añadió este pensamiento, que va de la mano con Hechos 17: «Por una ley secreta del corazón, tenemos la tendencia de acercarnos hacia la imagen mental de Dios que poseamos».[6]

Si todos nos movemos hacia nuestras imágenes mentales de Dios, entonces ciertamente necesitamos movernos hacia la imagen mental correcta, la idea exacta sobre Dios, la imagen verdadera. Hemos establecido que en algún momento todos nos movemos hacia *nuestro concepto* de quién creemos que es Dios. Algunos de nosotros podríamos estar moviéndonos hacia una imagen defectuosa o dañina. Puesto que esta imagen es lo más importante de nosotros —porque forma nuestra identidad y proporciona seguridad, propósito, misión, y gobierna nuestras acciones y actitudes del corazón— ¡tiene que ser la correcta!

¿Cuál es tu visión de Dios?

Si tuvieras un bloc de dibujo delante y te dijera: «Rápido, haz un dibujo de Dios», ¿qué dibujarías? No me refiero a un dibujo físico de piel, miembros y pelo, sino a un dibujo de cómo es Dios en su esencia.

Todo el mundo tiene una imagen de Dios en mente, y hay un montón de puntos de vista diferentes, algunos buenos y otros no tan buenos. Tu concepto de Dios puede provenir de muchos lugares. Tal vez tus padres te contaron de pequeño cómo era Dios y tú incorporaste muchas de sus ideas, algunas útiles y otras perjudiciales. Obviamente, la cultura religiosa y la parte del mundo en la que creciste desempeñaron un papel importante en la formación de tu imagen de Dios.

O tal vez un profesor moldeó tu imagen mental de Dios. Te sentaste en una clase en la que una persona muy inteligente con una serie de títulos después de su nombre insistía en que Dios es un mito, y eso moldeó tu forma de ver a Dios.

O tal vez tu iglesia formó tu imagen de Dios. Sea cual sea tu tradición religiosa, esta tradición te ha pintado un cuadro, a veces bueno, a veces malo.

O tal vez tus amigos te han dicho, con sus acciones o sus palabras: «Oye, así es Dios», y eso ha influido en tu forma de pensar. O quizás has dejado que las experiencias de tu vida definan a Dios para ti. Tal vez, en tu mente, Dios no te ayudó, o no cumplió su parte de un trato que creías haber hecho, o te decepcionó de alguna manera, y eso ha dado forma a lo que piensas de Dios.

Hace poco leí sobre un pionero de la televisión que dijo que no quería tener nada que ver con Dios y que se consideraba ateo porque, cuando era joven y su padre se estaba muriendo, oró en vano para que su padre fuera sanado. Si Dios era supuestamente tan bueno, ¿por qué ese Dios bueno no salvó a su padre? Ese doloroso momento de confusión y decepción marcó su visión de Dios para el resto de su vida.

Lo mismo puede decirse de todos nosotros. Algo que hemos aprendido, oído o experimentado ha creado una imagen en nuestra mente de cómo pensamos que es Dios. Aunque hay una multitud de puntos de vista en los que la gente piensa al pensar en Dios, hay unos pocos con los que uno se topa más a menudo que con otros.

Una pandilla de dioses

Algunas personas tienen una imagen mental de Dios de que se parece al anciano de arriba: el dios **Abuelo**. No me estoy burlando del concepto que alguno pueda tener acerca de Dios. Solo intento ser útil confrontando lo que algunos de nosotros pensamos y quitando las máscaras de algunos de nuestros dioses menores. El abuelo Dios ha existido siempre, así que no es de extrañar que se mueva un poco más despacio estos días. Tiene una barba blanca y una voz relajante al estilo Morgan Freeman. Se pasea por el cielo con un brillo en los ojos y un puñado de caramelos. Es un poco duro de oído, así que, por favor, habla más alto cuando intentes decirle algo y, por supuesto, no hagas ruido en la iglesia.

El abuelo Dios no está muy al día de la cultura actual y aún no ha aprendido a enviar mensajes de texto. Cuando se le ocurra cambiar su teléfono plegable por un *smartphone*, puedes estar seguro de que utilizará esa fuente supergrande que los nietos pueden leer desde el otro lado de la habitación. Es gentil y amable, pero desde luego no va a ser capaz de ayudarte a entender el control remoto de la tele o los complejos temas de hoy en día. Es un poco Papá Noel, así que asegúrate de dejarle galletas este año. O tal vez no.

En lugar de la imagen del abuelo Dios, puede que veas a Dios como un árbitro en el cielo que impone reglas y lleva la cuenta. El dios **Anotador** se ocupa de lo que se debe y lo que no se debe hacer. Si vas a la iglesia, ganas un punto. Si insultas al tipo que te corta el paso en la autopista, pierdes dos puntos. Este dios siempre te está observando, siempre evaluando, siempre juzgando, siempre haciendo números. Está constantemente garabateando cosas sobre ti en su libro de contabilidad. ¿Tienes un buen pensamiento? Anotado. ¿Tienes una mala actitud? Los puntos los borra de la pizarra. Tienes que seguir la línea para permanecer en la gracia de este dios. Tienes que esforzarte si quieres permanecer en el equipo de este dios.

Al final, te encuentras ante las puertas del cielo y ese dios te entrega una lista de créditos y débitos generada por una computadora. Si tienes suerte, tienes más créditos que débitos, y entras. ¡Hurra! Con este dios en mente, el cielo es para la gente que no está en los números rojos. Solo lo lograrás si continúas esforzándote más y acumulas suficientes cosas buenas para inclinar la balanza a tu favor.

Algunos ven a Dios como una fuerza nebulosa, una especie de energía positiva o luz. El dios **Fuerza Cósmica** que no tiene nombre, ni rostro y probablemente no tiene personalidad; es una «fuerza» distante, abstracta y evasiva. Podríamos acceder a ella si se dieran todas las variables como un impulso, una sensación, una vibración, una convergencia armónica. Cuando la gente tiene en mente esta imagen de Dios, suele hablar de espiritualidad, pero no describe a un dios que se pueda conocer personalmente. El énfasis de este concepto de Dios es simplemente que hay algo ahí fuera, en el universo, que es más grande que nosotros y que, en su mayor parte, nos hace sentir bien. Es brillante como la luz y bastante misterioso y más grande que nosotros. Sin embargo, es difícil saber qué es.

Tu visión de Dios puede ser la de un pendenciero temerario que busca pelea. Al dios **Enojado** le encanta empujar a la gente, hacerles pagar. Repartir castigos es lo suyo. No te equivoques, a este dios no le gustas mucho. Está deseando aplastarte con su rayo de destrucción. *¡Bam-pín!* Adiós, estás frito.

Si eres listo, evitas al dios enojado, porque, francamente, ¡¿quién no lo haría?! Fuiste a la iglesia de este dios una vez y notaste que no había mucha gente. Es obvio. Este dios no es nadie a quien quisieras adorar semana tras semana. ¿Por qué seguir viniendo por más de lo que te da? Está esperando el momento perfecto para hacerte pedazos.

Para otros, su dios es algo parecido a Alexa o Siri, esos ayudantes electrónicos que los gurús de la informática han inventado ingeniosamente. Este dios es un mayordomo personal en el cielo. El dios **Conserje** está a tu disposición las veinticuatro horas del día. ¿Necesitas indicaciones? Pregúntale. ¿Quieres pedir que cambie el clima? Hecho. El dios conserje envía mensajes, comprueba tu calendario, encuentra cosas y te da una respuesta divertida al juego «¿Qué dice el zorro?».

Si escuchas la forma en que algunas personas hablan de Dios, es como si él solo existiera para hacerles la lista de tareas pendientes. Aprietas un botón y, *puf*, aparece con una sonrisa. Este dios nunca está en tu vida por mucho tiempo. Este dios es muy conveniente. Solo se le llama cuando se necesita ayuda. Cuando ya no lo necesitas, lo único que tienes que hacer es volver a pulsar un botón y, así de fácil, ese dios desaparece.

La lista es interminable.

El dios **Vidriera** es altivo y estoico. Este dios utiliza palabras teológicas complejas y prefiere las cosas abotonadas y correctas. Nada de música «nueva» en su iglesia. Este dios puede ser útil si la ocasión es una boda real. Prefiere los bancos superincómodos y sin acolchar, y le preocupa mucho el color de la alfombra del santuario. Al fin y al cabo, es *su* casa. Algunos con este punto de vista piensan que la iglesia es donde Dios *realmente* vive.

El dios **Hípster** es muy relevante, en parte barista y en parte biblista.

El dios **Amigo** está a nuestro nivel. Le saludamos de manera informal: «¿Qué tal, hermano? Choca esos cinco». Es tranquilo y un buen tipo.

El dios **Cripto** está ansioso por dejar caer un Bitcoin en tu cartera digital.

El dios **Yo** es, bueno, *yo*. Claro, no decimos abiertamente que somos *Dios*, pero actuamos como si lo fuéramos. O pensamos como tal. Tomamos las decisiones. Cuando esta imagen de Dios está en nuestras mentes, todo gira en torno a mí. Yo. Yo estoy al mando. Yo tomo todas las decisiones. Yo tengo el control. Yo me hice a mí mismo. El mundo gira a mi alrededor y yo dirijo mi nave del destino. Nadie me dice lo que tengo que hacer, muchas gracias.

El dios **Mezcla** es una mezcla de todas las versiones anteriores de Dios convenientemente expuestas para que te resulte fácil escoger y elegir a tu gusto. Este dios no es ofensivo, ni abrasivo, ni absoluto. Nada se considera correcto o incorrecto con este dios. Cuando tienes esta imagen de Dios en tu mente, crees que puedes acercarte al gran bar de ensaladas en el cielo y elegir lo que quieres poner en tu plato. *Tomaré un poco de esto y lo pondré con un poco de aquello.* Este dios puede ser todo, y este dios puede ser nada. Tú podrías ser dios, y yo podría ser dios, y todos nosotros podríamos ser dios, y nadie podría ser dios.

Luego, por supuesto, está el dios **Ninguno**. Con este es difícil mantener una imagen en mente porque no tiene ninguna. Es algo que intentas borrar de tu mente. No crees en Dios porque no crees que haya uno en quien creer. En verdad, tengo mucho respeto a los ateos. En serio. Cada persona en la tierra tiene que desarrollar respuestas a las grandes preguntas de la vida y luego vivir según esas respuestas. Responder a esas preguntas, sin Dios, exige mucho trabajo y saltos abismales de fe, pero algunos se esfuerzan por hacerlo y enmarcan su existencia basándose en una negativa que no puede probarse, afirmando: «Dios no existe».

Comprobación de las huellas dactilares de la creación

Por supuesto, mis descripciones de cómo piensa la gente que puede ser Dios son un poco irónicas. Es probable que tú tengas un poco de uno de estos puntos de vista entretejidos en tu pensamiento. O tal vez tu visión de Dios sea completamente diferente. Pero sea cual sea tu respuesta a la pregunta: *¿En qué piensas cuando piensas en Dios?*, la buena noticia es que Dios, el verdadero, no se queda de brazos cruzados en esta conversación.

Dios quiere que sepas quién él es. No se esconde como una aguja en un pajar, diciendo: «Que tengas buena suerte averiguando quién soy». No te está metiendo en un laberinto espiritual, una especie de juego retorcido con apuestas eternas. Es todo lo contrario. Dios te ha rodeado con sus propias huellas dactilares en su creación y ha superado todos los obstáculos posibles para mostrarte quién es él y cómo es. Más que tú querer encontrar a Dios, Dios quiere ser encontrado por ti.

Quiere que le conozcas y que sepas cuánto te ama.

Por eso Dios se revela constantemente. A través de su Palabra, a través de la creación, a través del Espíritu Santo obrando en nuestras vidas, y sí, a través de la influencia de personas piadosas a nuestro alrededor, Dios nos está mostrando constantemente quién él es. Dios sabe que es mucho lo que está en juego, porque si no sabemos quién él es realmente, podríamos pasarnos toda la vida con una idea equivocada y viviendo nuestros días en la tierra tratando de responder a una imagen defectuosa acerca de Dios.

Esto puede causar muchos problemas. Con una visión equivocada de Dios en mente, podemos pasarnos la vida huyendo del Dios verdadero, o escondiéndonos de Dios, o enfadados con Dios, o decepcionados con Dios, o sintiéndonos rechazados por Dios, o ambivalentes hacia Dios, o preocupados por estar en el lado equivocado de la tarjeta de puntuación de Dios. Así no es la vida abundante que Jesús nos ofrece. Y por eso vivimos en un universo en el que es imposible echarle de menos.

Cuando estaba en la universidad, mi amigo Johnny y yo recorrimos Estados Unidos acampando en algunos de los espectaculares parques nacionales del país. Cuando llegamos al Gran Cañón en una calurosa tarde de julio, montamos la carpa en uno de los campamentos cercanos a la entrada del parque nacional. La vista del cañón era impresionante, pero lo que realmente queríamos era llegar al fondo.

El problema era que había que reservar con meses de antelación los espacios de campin que están en el fondo del cañón. Por desgracia, no teníamos reserva, así que nuestras opciones eran limitadas. Bajar y volver a subir durante el día era muy desaconsejable dadas las temperaturas superiores a los 38 grados. El guardabosques al que habíamos pedido consejo nos echó un vistazo y nos dijo: «No creo que tengan muchas posibilidades. Se asarán al bajar y se marchitarán al subir». Entonces nos ofreció una posibilidad interesante: podíamos bajar hasta el fondo durante la noche y volver a subir por la mañana, más frescos.

«Suena un poco loco», dijo mi amigo, pero al cabo de unos minutos él y yo llegamos a la misma conclusión y acordamos intentarlo.

Justo después de medianoche, empezamos a descender por el sendero Bright Angel, adentrándonos lentamente en el cañón, guiados por la luz de nuestras linternas por las curvas que nos llevarían muy por debajo del borde hasta la orilla del río. Aparte de unos cuantos burros salvajes que nos asustaron (creo que se asustaron más que nosotros) y lo que sonó como el cascabel de una serpiente que aceleró definitivamente nuestro paso, las cosas fueron según lo previsto, y terminamos en una pequeña playa de arena junto a un recodo del río Colorado hacia las cuatro de la madrugada.

Cuando nos estiramos para echar una cabezadita antes del amanecer, no tenía ni idea de que mi comprensión de la majestuosidad de Dios estaba a punto de cambiar. Cuando miré hacia arriba desde el fondo de esta grieta de un kilómetro de profundidad (donde no había ni rastro de luz artificial), era como si las estrellas estuvieran tan cerca que pudieras arrancarlas del cielo con la mano extendida. Eran como diamantes relucientes en el cielo nocturno, tan brillantes contra el negro del espacio. Sonreí.

Y me reí. Y alcancé a algunos de ellos solo para asegurarme de que no podía tocarlos. Y sentí una abrumadora sensación de asombro y maravilla que nunca antes había sentido. Creo que esa sensación de misterio y grandeza era el Creador cubriendo el telón de fondo del cosmos con la declaración: «Estoy aquí». Desde luego, Dios no se escondía aquella noche. Su gloria estaba a la vista de todos.

Quizá pienses: *Eso suena muy bien, Louie, pero tengo un amigo que ni siquiera cree en Jesús y que diría algo parecido: que cuando está en la naturaleza es cuando está en comunión con Dios y se siente conectado con el «universo divino». Sin embargo, su visión de Dios no se parece mucho a la tuya.*

Entiendo. Entonces, ¿cómo encontramos una visión correcta de Dios? ¿Cómo sabemos cuál es la visión correcta y buena? Empezamos por comprender que Dios se nos revela constantemente y que lo que vemos de él en el cosmos es solo un punto de partida.

Enfoque

En Romanos, Dios habla de sí mismo. Comienza a definir para nosotros la imagen que quiere poner en nuestra mente. Dios quiere asegurarse de que sepamos quién él es.

«Pero lo que se conoce acerca de Dios es evidente dentro de ellos, pues Dios se lo hizo evidente. Porque desde la creación del mundo, Sus atributos invisibles, Su eterno poder y divinidad, se han visto con toda claridad, siendo entendidos por medio de lo creado, de manera que ellos no tienen excusa». (1:19-20)

Según este pasaje, cualquiera, en cualquier lugar del planeta Tierra, puede levantar la vista y mirar a su alrededor y considerar el universo —las montañas y las cataratas, los animales y las puestas de sol, las estrellas y los volcanes, el maravilloso diseño que produce el vuelo de un ave emplumada, los quinientos millones de neuronas de la corteza motora de tu cerebro que están presentes solo para que puedas hablar— y concluir que debe haber alguna fuerza divina detrás de todo ello.

Es una buena noticia. La naturaleza nos muestra que existe un Dios, un Dios creativo, bello e inteligente. Y podemos ver pruebas, como perfectas huellas dactilares, de Dios a nuestro alrededor. Por ejemplo, no hace mucho, los científicos utilizaron el telescopio espacial Hubble para descubrir una galaxia a la que llamaron GN-z11, la más lejana que jamás hayamos visto. Se encuentra a 13.400 millones de años luz de nosotros,[7] y, según Romanos 1, el poder eterno y la naturaleza divina de Dios pueden, de hecho, comprenderse a partir de lo que se ha visto.

Gracias a esta galaxia muy, muy lejana —y a muchas otras evidencias de Dios— la gente no tiene «excusa». Cuando consideramos esa galaxia y la locura de lo grande que es el universo, la mayoría de la gente no puede evitar sentirse atraída hacia un ser divino que es más grande que todos nosotros.

Además de dejar pistas por toda su creación, Dios es aún más específico al decirnos cómo él es. En Hebreos 1:1-3 se describe el proceso de revelación.

En primer lugar, la creación revela a Dios, como señalaba el pasaje de Romanos. A continuación, el escritor de Hebreos retoma la cadena de acontecimientos:

«Dios, habiendo hablado hace mucho tiempo, en muchas ocasiones y de muchas maneras a los padres por los profetas, en estos últimos días nos ha hablado por Su Hijo, a quien constituyó heredero de todas las cosas, por medio de quien hizo también el universo. Él es el resplandor de Su gloria y la expresión exacta de Su naturaleza, y sostiene todas las cosas por la palabra de su poder».

Los profetas del Antiguo Testamento revelaron a Dios de una manera más específica de lo que lo revela incluso la creación. Señalaron a la gente la venida del Mesías, y ahí es donde termina el embudo: con la venida del Mesías, la persona de Cristo. Cuando Jesús, el Hijo de Dios, pisó el planeta Tierra, fue descrito como «el resplandor de Su gloria y la expesión *exacta* de Su naturaleza». En otras palabras, Jesús nos mostró claramente quién es Dios. Dios nos mostró quién es enviando a Jesús, y Jesús era la imagen de Dios en la tierra que caminaba, hablaba, vivía y respiraba.

Porque Dios quería que tuvieras una imagen inequívoca y clara de cómo él es, envió a Jesús a las páginas de la historia humana con esta esperanza: «Pues Dios, que dijo: "De las tinieblas resplandecerá la luz", es el que ha resplandecido en nuestros corazones, para iluminación del conocimiento de la gloria de Dios en el rostro de Cristo» (2 Corintios 4:6).

No te pierdas estas dos verdades poderosas: Dios nos ha dado la luz del conocimiento de su gloria.

Este conocimiento de la gloria de Dios se encuentra en el rostro de Cristo.

Eso es lo que vamos a tratar mucho en este libro, porque queremos considerar lo asombroso que es esto. La vida de Jesús está registrada en las páginas de las Escrituras, en parte para que podamos saber lo que hizo y defendió y lo que vino a ofrecer al mundo, y en parte para que podamos saber cómo es un Dios glorioso. Jesús esbozó en el lienzo una imagen de quién es Dios para que todos nosotros la viéramos y comprendiéramos, de modo que pudiéramos responder a Dios de la manera correcta.

Ahora bien, cuando las Escrituras dicen en Hebreos que Jesús es la «expresión exacta» de Dios, eso no significa que Dios sea un judío sonriente de metro setenta, moreno y barbudo con un cordero en los brazos. Significa que, si miramos el corazón de Cristo, la mente de Cristo, la actitud de Cristo, la forma en que Cristo trataba a la gente, las cosas que decía, la forma en que vivía, la forma en que valoraba el mundo y todas las cosas que hay en él, veremos en Jesús una imagen de cómo es Dios.

Esto es muy importante para nosotros. En Jesús, Dios dice con toda claridad: «Aquí estoy. Aquí tienes la imagen más exacta que puedo darte de cómo soy». La cita de Tozer que he mencionado antes, que escuché por primera vez de Dan DeHaan, ha estado impulsando mi vida en mi relación con Dios durante mucho tiempo, y hace tiempo que me di cuenta de que si quiero responder a la pregunta de Dan con algún tipo de precisión, entonces tengo que mirar a Jesús. La vida y la muerte de este campesino de Nazaret nos enseña mucho sobre Dios: que Dios es poderoso, santo, omnipotente, soberano de todas las cosas, más grande que todas las cosas, amoroso, salvador, bueno, generoso, compasivo y mucho más.

Sin embargo, hay algo aún más asombroso que Jesús nos enseña sobre Dios, y es una verdad revolucionaria que nos libera para convertirnos en todo aquello para lo que Dios nos creó. La imagen número uno de Dios que Jesús nos pinta una y otra vez es que Dios es un *Padre*. Es nuestro perfecto Abba Padre.

¿Lo has entendido? De todas las cosas que Jesús nos enseña sobre Dios, la gran idea que trata de transmitirnos es que Dios es *Padre*. Dios quiere que le conozcas y te invita a que le llames Padre. Quiere que sepas que puedes vivir como un hijo amado, como una hija amada.

¿Puedo repetirlo? Dios quiere que sepas que puedes vivir como un hijo amado, una hija amada.

Y él quiere que vivas bajo la catarata de su bendición. Jesús nos lo muestra tanto en sus enseñanzas como en su relación con su Padre. Sigamos esta hoja de ruta para desarrollar una visión correcta de Dios. Después de todo, ¿quién mejor para darnos esa visión correcta de Dios que su propio Hijo?

Capítulo 3

Un Dios al que llamar Padre

Hace unos años volaba de regreso a Atlanta después de dar un discurso en un evento en Texas. Subí al avión y me acomodé en el asiento 2C. Era un avión regional pequeño con dos asientos a cada lado del pasillo, de delante hacia atrás. Yo estaba en el asiento del pasillo de la fila dos, a la derecha del avión, frente a la cabina. Siempre intento ser la última persona en embarcar, así que cuando llegué a mi asiento, me resultó extraño ver a la tripulación de vuelo sin hacer nada mientras se acercaba la hora de salida. Pronto me percaté (por fragmentos de la conversación que escuché) de que estábamos esperando a otro pasajero.

Me di cuenta de que el asiento 1B estaba vacío y mi mente empezó a correr con las posibilidades. ¿A qué VIP importante estábamos esperando? Quizá fuera un artista, un político conocido, un actor o un deportista famoso.

Esperamos y yo me quedé observando la parte delantera del avión. La mayoría de las personas sentadas a mi alrededor eran ajenas a lo que estaba sucediendo, sin darse cuenta de que estaba a punto de producirse un momento sensacionalista en Internet. La señora del otro lado del pasillo estaba cautivada por su rompecabezas Sudoku, y el tipo a mi lado ya estaba profundamente dormido. Pero mis ojos permanecían pegados.

Por fin, oí alboroto en la pasarela y entonces apareció.

Hmmm. ¿Ese es el tipo que hemos estado esperando? pensé. No lo reconocí. Un tipo de unos veinte años dobló la esquina y dejó su bolsa en el asiento. Llevaba una bata médica. *¿Quién es este tipo? ¿Por qué le hemos esperado?*

Entonces vi que llevaba un pequeño recipiente de espuma de poliestireno bajo el brazo izquierdo, del tamaño de una tostadora de las antiguas. Pensé: *¿Quién lleva un cofre de poliestireno a través del control de seguridad y dentro de un avión?* Fue entonces cuando me fijé en las pegatinas a cada lado del contenedor: «Ojos humanos».

Estoy seguro de que abrí los ojos de par en par cuando abrió el compartimento superior, deslizó el jersey de una señora a un lado, metió el contenedor junto con su bolsa de mensajero y cerró el compartimento de golpe. Se dejó caer en el asiento, se abrochó el cinturón y se quedó dormido.

Todo esto me inquietaba. Me detuvo el hecho de que alguien hubiera perdido la vida. No conocía ningún detalle, ni su edad, ni las circunstancias de su muerte. Pero sabía que esa persona había sido donante de órganos y que sus ojos estaban ahora en ese contenedor. También sabía que el papel de mi compañero de asiento, del equipo de trasplantes, era llevar rápidamente esos ojos a un quirófano donde había un paciente aguardando con esperanza. Yo tampoco sabía nada del paciente, salvo que necesitaba ver. Pero, sobre todo, mis ojos estaban clavados en el compartimento superior. ¿Y si el compartimento se abría durante una turbulencia? Hasta donde entendía, yo era la única persona que prestaba la suficiente atención como para saber que había ojos humanos en el compartimento situado encima de la fila uno. Me sentí totalmente responsable de la seguridad de la preciosa carga, pero poco después del despegue todo siguió igual en la cabina.

«¿Quiere algo de beber? ¿Lazos salados o maníes?», me ofreció la azafata.

«No», le dije, desviando la mirada del compartimento superior por una fracción de segundo. ¿Cómo iba a comer una merienda si había ojos humanos en ese compartimento?

Me quedé paralizado. Cuando aterrizamos y llegamos a la puerta, el hombre abrió el compartimento y, por suerte, el contenedor con los ojos seguía allí. Tomó su equipo y fue el primero en bajar del avión. Pero yo estaba muy cerca. No a distancia de acecho, pero lo suficientemente cerca.

Cuando llegamos a la mitad de la terminal del aeropuerto, sabía que mi automóvil, el equipaje que llegaba y mi casa estaban a la derecha, pero me fui a la izquierda, siguiendo los ojos por la escalera mecánica hasta el tren. No entré en el mismo vagón, pero pude ver al hombre a través de la ventanilla de cristal al final de mi vagón. Seguía en contacto con los ojos.

El tipo y los ojos se dirigían a Knoxville. Lo sabía porque eso era lo que leía en la puerta de embarque C-22, donde esperaba su vuelo de conexión. Me senté al otro lado de la amplia pasarela, en una puerta contigua, orando por la familia de la persona de la que procedían los ojos y orando por el procedimiento quirúrgico que tanta alegría daría a la persona y a la familia que recibieran este precioso regalo.

Una vez que el vuelo embarcó, me acerqué a la pared de ventanas cercana. Apartaron la pasarela del avión y cerraron la puerta. El vuelo de Knoxville retrocedió de la puerta de embarque y una sensación de alivio me inundó. Los ojos estaban a salvo y de camino a Tennessee.

Tal vez mis acciones parezcan tontas, pero realmente sentía un apego por la misión de llevar esos ojos a su destino. Me dirigí a la recogida de equipajes, agarré mi maleta del carrusel y me dirigí a casa, mientras pensaba con asombro: *¡Alguien en Knoxville, Tennessee, va a ver hoy!* Gracias a la muerte de una persona, otra iba a ver. El trasplante de córnea que estaba a punto de tomar lugar en Knoxville iba a aportar claridad de visión a una persona que no había podido ver durante un tiempo, o quizá durante toda su vida.

¡Alguien en Knoxville iba a ver! ¡Qué día tan milagroso iba a ser!

Del mismo modo, escribo esto hoy con la esperanza de que se produzca otro milagro de la vista: ese momento en el que el Espíritu de Dios abre los ojos de alguien para que vea lo que Jesús mostraba a través de sus enseñanzas y su relación con su Padre. Para ver que Dios quiere que le conozcamos.

Así lo describió el apóstol Pablo cuando oraba por algunos de los primeros creyentes en Jesucristo: «Pido que el Dios de nuestro Señor Jesucristo, el Padre de gloria, les dé espíritu de sabiduría y de revelación en un mejor conocimiento de Él. Mi oración es que los ojos de su corazón les sean iluminados» (Efesios 1:17-18).

Esa es mi oración por ti y por mí mientras hablamos de la posibilidad de ver a Dios como el Padre perfecto. Estoy orando para que Dios nos dé un espíritu de revelación abriendo los ojos de nuestros corazones para que podamos conocerlo más.

Ya hemos hablado de algunos puntos de vista defectuosos sobre Dios, pero incluso hojeando las páginas de las Escrituras es posible acabar perdiendo el punto y *no ver* la imagen principal de quién él es. Si tenemos una imagen demasiado estrecha, aunque se encuentre en las Escrituras, puede distorsionar la forma en que pensamos de Dios y cómo respondemos a él. Nuestra imagen tiene que ser bíblica, y nuestra imagen tiene que estar equilibrada de acuerdo con la forma en que las Escrituras sopesan las diversas imágenes y palabras utilizadas para describir a Dios.

Ya te he dado un anticipo de la imagen mental primaria de Dios que nos muestran las Escrituras, la imagen que Jesús señala una y otra vez. Ten en cuenta que no es la *única* imagen de Dios que se presenta en las Escrituras. Es la imagen *principal* de Dios. La imagen primordial. La imagen importante. La imagen clave. Esta es la imagen a la que debemos dirigir nuestro mecanismo primario de respuesta.

Fíjate bien, porque lo que sigue te va a parecer sospechoso si pasas por alto este concepto demasiado deprisa o no lo sigues hasta el final. La imagen número uno de Dios que Jesús nos dibuja una y otra vez es algo *diferente* de todas las cosas de la siguiente lista.

No es que Dios sea Rey.

No es que él sea el gobernante del universo.

No es que él sea el Dios de la justicia.

No es que él sea el Alfa y la Omega, el principio y el fin.

No es que él sea la Roca, el Dios de la fidelidad y la constancia.

No es que él sea la esperanza de la vida eterna.

No es que sea inmortal, invisible, el único Dios sabio.

No es que él sea el Creador de los cielos y la tierra.

No es que él sea un Dios misericordioso.

No es que sea el Logos, el Verbo que se hizo carne y habitó entre nosotros.

No es que él sea el gran YO SOY.

No es que él sea el Señor, el Dios de Israel.

No es que él sea el Señor de los ejércitos.

No es que él sea nuestro redentor.

No es que sea un guerrero poderoso.

No es que él sea el dueño del ganado en mil colinas.

No es que él sea ligero.

No es que él sea Consejero maravilloso, Dios poderoso, Príncipe de Paz.

No es que él sea el que está en lo alto y elevado, el que habita en la eternidad, cuyo nombre es Santo.

Ni siquiera es que él sea amor.

Dios no es principalmente *ninguna* de estas cosas por sí sola. Y esto nos lleva directamente al meollo de la cuestión. Para ser claros, *Dios es todas esas imágenes y realidades de la lista anterior.* Todas esas imágenes y realidades vienen directamente de las Escrituras, y todas son verdad sobre Dios. Sin embargo, Jesús no enfatiza ninguna de ellas tan a menudo como otra cosa. Jesús lo repitió una y otra vez y grabó esta característica de Dios en nuestras almas. La imagen número uno de Dios que Jesús nos dibujó una y otra vez es esta:

Dios es Padre.

El Padre está cerca

Tanto a través de su relación con su Padre como de sus enseñanzas, Jesús quiere que veamos a Dios de una manera nueva. Jesús está diciendo que Dios es poderoso y majestuoso y glorioso y lleno de sabiduría y gracia y verdad, y sí, él es todas estas cosas, pero hay más. Entiende esto: todas las características de Dios están envueltas en la persona de un Padre. Nos ayuda mucho ver a Dios de esta manera, porque muchos de sus atributos nos resultan difíciles de comprender. Por ejemplo, la esencia de la justicia. La justicia no es más que un concepto, y es difícil abrazar un concepto. Pero podemos abrazar a un Padre justo. También nos puede resultar difícil abrazar la gracia y la verdad. Son conceptos maravillosos, pero solo conceptos. Sin embargo, podemos abrazar a un Padre lleno de gracia y verdad.

Dios es cercano. Se le puede conocer. Porque la paternidad de Dios es la característica principal que mantiene unidos todos sus demás atributos.

No me tomes la palabra. Escucha las palabras de Jesús. Una y otra vez, en algunas de las partes más conocidas de su enseñanza, Jesús llama nuestra atención sobre Dios de una manera muy específica.

Una vez que Jesús eligió a su círculo íntimo de discípulos, rápidamente les enseñó a orar. Sorprendentemente abrió su oración modelo con unas palabras que debieron sonar increíbles a los oídos de los discípulos. Jesús no comenzó su oración con «Amado Señor», o «Su Majestad», o incluso «Santísimo Señor». No. Jesús dijo en Mateo 6 que cuando se habla con Dios, se empieza diciendo:

«Padre nuestro...»

Jesús inmediatamente les afirmó que Dios no es cualquier tipo de padre cuando continuó:

«... que estás en los cielos, santificado sea tu nombre».

Sin embargo, reformuló al Dios de la fe del Antiguo Testamento, un Dios al que nadie podía acercarse, como Padre.

Más tarde, en ese mismo mensaje, Jesús habló de cómo vivir mejor. Dijo que la fe en acción es como una luz que pones en una colina, para que puedas dar gloria ¿a quién? ¿A tu jefe espiritual? No. ¿Al «hombre de arriba»? No. Jesús dijo: «Así brille la luz de ustedes delante de los hombres, para que vean sus buenas acciones y glorifiquen a su Padre que está en los cielos» (Mateo 5:16). En otras palabras, se nos invita a vivir de tal manera que el mundo no vea simplemente que hacemos cosas buenas, sino que hacemos cosas buenas porque estamos en relación con el Padre perfecto.

En Juan 14:6, Jesús dio una de las explicaciones más claras de lo que significa vivir en relación con el Padre. Jesús dijo: «Yo soy el camino, la verdad y la vida; nadie viene al *Padre* si no por mí» (énfasis añadido). Y en Juan 14:9, Jesús dijo estas palabras muy claras: «El que me ha visto a Mí, ha visto al *Padre*» (énfasis añadido).

Encontramos este tipo de comprensión clarificadora de Padre una y otra vez en las enseñanzas de Jesús. De hecho, 189 veces solo en los cuatro Evangelios, Jesús se refirió a Dios como Padre, mucho más que cualquier otro término, distinción o característica que Jesús utilizó para describirlo. Incluso cuando Jesús estaba muriendo en la cruz, con su último aliento dijo: «*Padre*, en Tus manos encomiendo Mi espíritu» (Lucas 23:46, énfasis añadido).

Así es como llegamos a conocer, abrazar y relacionarnos con el Todopoderoso. Llegamos a ver a Dios como el Padre celestial.

Vemos esto no solo en la forma en que Jesús se relaciona con su Padre, sino también en la declaración que el Padre proclamó sobre su Hijo. Uno de los primeros lugares de las Escrituras donde se muestra la paternidad de Dios es en Mateo 3, cuando

Jesús se presentó ante Juan el Bautista para ser bautizado. Allí estaba Juan, hundido hasta las costillas en el río Jordán, con sus ropas de camello empapadas.

Bautizaba a la gente a diestra y siniestra mientras predicaba y preparaba el camino para el Señor. De repente, apareció Jesús diciendo: «Oye, bautízame». Y Juan dijo: «¡¿Qué?! Me parece que lo has entendido al revés, Jesús. Tú tienes que bautizarme a mí». Así que hablaron entre ellos, pero finalmente Juan cedió y sumergió a Jesús en el río Jordán y lo volvió a levantar. Jesús fue bautizado para identificarse con los pecadores en su redención, nuevo y limpio. La Escritura dice que cuando Jesús salió del agua, los cielos se abrieron, el Espíritu Santo descendió como una paloma y se posó sobre Jesús, y una voz del cielo hizo un anuncio sorprendente y totalmente maravilloso. ¿Sabes cuál fue?

El anuncio fue una gran noticia para todos los reunidos aquel día junto al Jordán. Muchos de los que estaban reunidos en torno a Juan el Bautista debían de conocer ya a este hombre de treinta años, Jesús de Nazaret. Era el hijo de José, el hijo del carpintero. Jesús había crecido en un pueblito no muy lejano. Lo recordaban jugando de niño, corriendo por las callejuelas. Lo habían visto en la sinagoga y en el mercado, ya crecido. Y ahora, después de que Jesús fue bautizado por Juan, Dios el Padre dejó constancia hablando con voz audible durante su bautismo.

¿Y qué dijo Dios exactamente?

«Hola a todos, siento llegar tarde, pero estaba en la convención de los que planean su retiro. ¿Le fue bien al muchacho?».

O, «Oye muchacho, será mejor que te metas en ese río y te mojes como te dije».

O: «¿No puedes sentir hoy una sensación de paz y tranquilidad en el universo?».

No.

El Padre proclamó: «ESTE ES MI HIJO AMADO EN QUIEN ME HE COMPLACIDO».

Es como si dijera: «¡Yo soy Dios, y ese es mi Hijo! Lo quiero mucho. Con él estoy muy contento». ¿Qué tan increíble es eso? Si Dios va a hablar desde el cielo, seguramente va a dar un sermón completo. Seguramente nos deslumbrará con su omnisciencia teológica.

No.

Solo expresó su deleite paternal.

Tenemos que empaparnos de ese concepto. Necesitamos quedarnos allí, disfrutar de él, gozarlo. Aquel día, junto al río Jordán, Dios Padre demostró que su relación con Jesús no era un contrato. No era la firma de un tratado teológico. No era una lista de principios con los que estar de acuerdo o un montón de reglas que seguir. Era una conexión. Una conexión familiar. Una conexión real, de corazón a corazón, en la que el Creador del universo reconocía a su Hijo. Sí, Dios es omnisciente y todopoderoso y todo sabio, y es santo y justo y perfecto, y hay una ira justa que espera a los que rechazan su verdad y su gracia. Pero esto es lo que Jesús revela más sobre él: Dios es un Padre amoroso. Lo vemos claramente cuando Dios Padre corrió el velo y nos mostró esta asombrosa relación con el Hijo a quien ama entrañablemente. Y Dios extiende una relación similar hacia nosotros. Una relación en la que él es nuestro Padre y nosotros somos sus hijos e hijas. Dios nos ama, e incluso se enorgullece de llamarnos suyos. Dejemos que este hecho se asimile un poco.

Nuestra identidad como hijos e hijas de Dios abre las puertas de las cárceles, sana las heridas y

nos impulsa hacia un propósito mayor en nuestras vidas.

Una imagen grande, enorme y estremecedora

Esa es la gran esperanza de este libro: que cuando yo diga Dios, tú pienses *Padre*. Esa es la imagen que te vendrá a la mente. Sí, quiero que pienses en santo y poderoso y glorioso. Pero todo en el contexto de Padre.

Sé que este concepto *paterno* puede hacernos dar vueltas de muchas maneras. Para algunos es un obstáculo inmediato, una barrera de treinta metros de altura. Cuando escuchas que Dios es un padre puedes pensar instantáneamente: *No, gracias. No quiero nada de eso. Si Dios es como mi padre, entonces no quiero saber nada.*

Espera. Te ruego que sigas adelante conmigo mientras examinamos esta idea lentamente y pasamos un tiempo en varios de los próximos capítulos pelando suavemente las capas de nuestros corazones. Todos tenemos padres terrenales, y algunos de esos padres fueron buenos y otros no tanto. Nuestra imagen mental de lo que es un padre está influenciada principalmente por nuestros padres terrenales. Lo sé y lo entiendo, y quiero ser sensible contigo y con lo que has pasado y estás pasando con tu padre. No quiero minimizar de ninguna manera lo que está pasando en este momento cuando digo «padre».

Por favor, quiero que sepas que si esa palabra toca un nervio o expone una herida, lo estoy haciendo con mucha gracia y cuidado. Quiero darte espacio para que llores, para que te enojes, para que dejes el libro y pienses un rato, para que te preguntes, reflexiones, escribas en tu diario y te tomes tu tiempo para procesar lo que Dios te está diciendo. Sin embargo, también quiero señalarte de manera resuelta, amorosa y bíblica esta asombrosa verdad: que el conocimiento de nuestra identidad como hijos e hijas de Dios abre las puertas de las prisiones, sana las heridas y nos impulsa hacia un mayor propósito en nuestras vidas.

Cuando sabemos que Dios es nuestro Padre perfecto, y vivimos desde la identidad revolucionaria que nos da esta nueva conciencia, podemos cobrar vida en esta verdad. Las cosas viejas pasan: las decepciones, la culpa, las penas y las luchas. Los hábitos cambian para mejor. Nuestra relación con Dios se transforma. Nuestra adoración revive. Vemos cambios en las cosas que anhelamos y esperamos, y la forma en que vemos a los demás se ve afectada.

Relaciones rotas

Sé que ahora mismo puede resultarte difícil pensar en Dios como tu Padre o imaginar que te ama y que está encantado de llamarte su hijo o hija.

Ahora mismo, estoy pensando en una amiga cuyo padre se fue con otra mujer cuando ella era joven. Su padre decía que trataba de «encontrarse a sí mismo» y que él y su madre iban en direcciones diferentes. Su padre acabó en una nueva ciudad, con un nuevo trabajo y, finalmente, con una nueva familia. Primero fue una nueva novia, pero finalmente encontró a otra mujer que se convirtió en su nueva esposa. Todo empezaba de nuevo para él mientras su hija se quedaba atrás para tratar de entender qué había pasado y recoger los pedazos de su corazón.

Su padre la había sentado cuando le dio la noticia de que se mudaba de la casa. *Estoy dando un paso hacia un nuevo capítulo en mi vida*. Y luego enfatizó: «No se trata de ti, se trata de mí. Debes darte cuenta de que no se trata de ti, cariño, ¡se trata de papá!».

Sin embargo, mientras él hablaba, su mente invirtió sus palabras de *esto no es acerca de ti*, a *esto es todo acerca de mí*.

Me contó que al principio las líneas de comunicación entre ellos eran constantes, pero con el tiempo las llamadas se hicieron cada vez menos frecuentes y luego se convirtieron mayormente en mensajes de texto. Al final, todo fue silencio. No un silencio malicioso. Solo el silencio ensordecedor que subrayaba la realidad emergente de que, después de todo, ella no era tan importante para su padre. Para su padre, el silencio siempre se explicaba como que *estaba ocupado*. Pero para ella, el silencio se traducía en *invisible, indeseada —que ya no era una prioridad*. Le hizo preguntarse si alguna vez la quiso, si alguna vez tuvo un lugar en su corazón.

Con el tiempo, levantó muros para ocultar el dolor y proteger su corazón. Intentó reprimir su enojo y acabó por no confiar en nadie. Se perdió en tantas capas emocionales protectoras que ni siquiera sabía quién era. En el momento en que me contaba todo esto, estaba confiando a nuestro equipo que estaba luchando contra un trastorno alimentario y que entraba y salía de relaciones malsanas con chicos. Se estaba muriendo por dentro.

Para ella, el deseo instintivo del amor y la aprobación de un padre se había estrellado y quemado. Tenía el tipo de padre que no la veía, no la apreciaba y no la quería. Su necesidad primaria de que los brazos de su padre fueran fuertes y de que su corazón fuera bueno quedó insatisfecha, y su corazón se marchitó ante su fracaso. A medida que pasaba el tiempo, no estaba segura de si los brazos de su padre eran fuertes o no, pero cada vez le parecía menos que su corazón fuera bueno. O él era defectuoso o lo era ella. O las dos cosas.

También pienso en un líder muy exitoso que vino a pedirme consejo hace poco. Él pensaba que había disuelto en el olvido su antiguo resentimiento que sentía hacia su padre por la forma en que le había tratado durante toda su vida. Sin embargo, ahora me confiaba que, siendo un empresario exitoso con una gran familia y viviendo a kilómetros de distancia de su padre —tanto emocional como geográficamente—, el fuego de la amargura consumía sus pensamientos y contaminaba sus relaciones. Aunque había hecho todo lo posible por borrar el pasado y alejarse, no podía liberarse de lo que su padre le había hecho sentir sobre sí mismo.

A otro amigo la muerte le arrebató a su padre a una edad temprana. Mientras hablábamos de la aprobación de un padre, se quedó mirando fijamente al vacío, sin entender nada de lo que estábamos hablando. Cuando hablamos de vivir con la bendición de un padre sobre nuestras vidas, este amigo se quedó mirando a lo lejos. Solo puede preguntarse cómo debe ser crecer bajo la sombra de ese tipo de amor y la aprobación de un padre que es de su propia sangre.

Y mientras escribo pienso en ti y en las relaciones paternas que podrían haber sido mejores, o incluso existir, en tu vida. Puedo entender si los sentimientos que corren por tu corazón en este momento mientras hablamos de que Dios es un padre no son positivos, sino dolorosos. No esperanzadores, sino dolorosos. No redentores, sino más bien como una bola de demolición que se estrella contra cosas que preferirías dejar amuralladas en el pasado. Si ese eres tú, creo que Dios puede haber puesto este libro en tus manos para revertir la maldición de «lo que ha sido» y transformar todo en ti.

Homenaje a un padre imperfecto

No todos los pensamientos que se agolpan en la mente de las personas cuando pronunciamos la palabra *padre* son dolorosos.

Por ejemplo, mi esposa, Shelley, ha vivido todos sus días con un padre fuerte, cariñoso y comprensivo que la ha defendido, ha orado por ella y le ha dado ejemplo de fortaleza, integridad y coherencia. Y no solo Shelley se ha beneficiado de su bondad. Su padre también ha sido un gran padre para mí.

Sin embargo, cuantas más historias escucho, más me doy cuenta de que padres así son cada vez menos comunes en la generación actual.

Tuve la suerte de tener un padre terrenal increíble del que puedo estar orgulloso. Lo conociste en la historia que conté antes sobre nuestra conversación junto a los fogones de la cocina. Como todos los padres, no era perfecto, pero intentaba ser el mejor padre posible.

Murió hace un tiempo. También se llamaba Louie Giglio. (En realidad, mi abuelo también se llamaba igual, así que yo soy Louie Giglio III). Mi padre era diseñador gráfico y tenía una mente brillante.

En 1964, mi padre diseñó el logotipo de Chick-fil-A, que ha estado impreso en todos sus vasos, envoltorios, servilletas y carteles desde entonces. Mi hermana (que era su favorita entre nosotros dos) vio un primer borrador mientras estaba sentada en el sofá de nuestro estudio. Por aquel entonces, trabajaba como autónomo para un hombre que dirigía una empresa de publicidad en Atlanta, y Chick-fil-A era uno de sus clientes. Esa noche en concreto, papá estaba retocando su «Chicken C». Gina, que entonces tenía siete años, le dijo a papá que le parecía «muy simpático».

¿No es genial?

Hace unos años, el director general de Chick-fil-A me dijo que habían contratado a varias agencias de publicidad desde entonces, y que casi todas querían actualizar la imagen de Chick-fil-A. Pero ese pequeño logotipo ha perdurado a lo largo de las décadas con ligeras modificaciones. La pequeña creación de setenta y cinco dólares de mi padre ha resistido el paso del tiempo. Cuando miro ese logotipo, pienso: *¡Sí, lo hizo mi padre!*

Pero no me sorprende. Mi padre era un genio.

Era un original.

Era un verdadero artista.

Le encantaba la música y era capaz de montar un equipo de música espectacular desde cero.

Era un narrador cautivador.

Era un fanático del golf. Le encantaban los legendarios como Ben Hogan, Arnold Palmer y Jack Nicklaus, pero era un gran admirador del pequeño sudafricano Gary Player. Muchas tardes, cuando yo era pequeño, íbamos a un «green de putting» o campo de prácticas cercano para jugar al golf después de que él saliera del trabajo. Cuando no podíamos ir a un «green de putting» de verdad, organizábamos feroces competiciones de «putting» en el suelo enmoquetado de nuestro apartamento, utilizando patas de muebles o vasos de la cocina para los hoyos.

Papá se licenció en arte en Auburn el año del campeonato nacional de fútbol americano, 1957. Él me enseñó a animar a los Tigers y a decir: «War Eagle». Y en los viejos tiempos, cuando los partidos se retransmitían sobre todo por la radio, nos sentábamos juntos con mi hermana y, cuando Auburn marcaba para ganar el partido, corríamos *por los muebles*, de la silla al sofá y a la mesa de centro, ¡y gritábamos tan alto como podíamos!

Trabajó duro para mantenernos.

Papá bebía un poco y a veces mucho.

Definitivamente no era un planificador.

Era un inconformista.

Tenía el vocabulario más amplio. Sabía darle la vuelta a una frase de forma ingeniosa. Por ejemplo, nos decía antes de irnos a dormir: «No muerdas las chinches de la cama» en vez de «No dejes que las chinches de la cama te muerdan».

Te daría la camisa si la necesitaras.

Trataba a todos por igual, sin importar quiénes fueran o de dónde vinieran.

Papá sirvió en la Guerra de Corea como cartógrafo.

Su primer trabajo de verdad tras salir de Auburn fue en Atlanta (allí llegué yo), y allí está enterrado.

¿Y qué hay del padre de mi padre, Louie Giglio I? No tengo ni idea de cómo era. Mi abuelo murió repentinamente antes de que mi padre cumpliera los treinta, y aunque soy tocayo de mi abuelo, no tengo ningún recuerdo de él. Papá rara vez lo mencionaba, si es que lo hacía.

Mi padre era hijo único, y debido a la inestabilidad entre su madre y su padre, y sobre todo al estilo de vida que hizo que mi abuelo Louie muriera joven, mi padre pasó de unos miembros de la familia a otros cuando era pequeño. Aprendió rápidamente a valerse por sí mismo y a levantar muros. Fue a los tres institutos de su ciudad en cuatro años.

En el último capítulo de su vida, tras sufrir los estragos de una rara infección vírica en el cerebro que le dejó discapacitado mental y físicamente, papá me confió unas palabras que aún resuenan en mi mente:

«Nadie me ha querido nunca».

«Nadie me quería».

«Y sé que Dios tampoco me ama».

Ahí es donde estábamos hacia el final de su vida. Este hombre brillante, y buen padre, diciéndome que creía que nadie lo quería.

Me quedé desconcertado y se me llenaron los ojos de lágrimas. Poco a poco, empecé a darme cuenta de que mi padre también era una persona.

Le quería gritar: «Te amo y te quiero, papá. Por mí. Por nosotros».

Pero el dolor era profundo. Y la herida había perdurado durante décadas. Por primera vez empecé a darme cuenta de que mi padre no era solo un padre, sino también un hijo, un hijo roto. Allí estábamos sentados, todos estos años después, y fuera lo que fuese lo que había ocurrido entre mi padre y su padre sesenta años antes, seguía siendo la historia dominante en la habitación.

Me preguntaba si, de no haber quedado mi padre discapacitado y haber experimentado cambios tan traumáticos en su cerebro, yo habría conocido alguna vez el dolor que había estado arrastrando todos aquellos años. ¿Habría comprendido alguna vez cómo la falta de la bendición de un padre se había estrellado contra su vida y, a su vez, contra la mía?

A pesar de todo, es increíble cómo nos quería y nos cuidaba a mi hermana y a mí. A pesar de su destrozado sentido de sí mismo, era un padre bastante bueno. Y le echo de menos.

Pero mi «historia paterna» no termina con «Big Lou». También tengo un Padre celestial en mi vida.

El único Padre perfecto

Tan orgulloso como estoy de mi padre terrenal, estoy infinitamente más asombrado por mi Padre celestial. Apenas puedo concebir la realidad de que, a través de Cristo, he sido agraciado para convertirme en hijo del Padre celestial. Soy hijo del Dios Todopoderoso. Cuando veo un amanecer, o los Alpes, o imágenes de una galaxia que está a 13.400 millones de años luz, pienso: *Vaya, eso lo hizo mi Padre celestial. Y él conoce mi nombre. Le pertenezco. Puede que no haya diseñado el logotipo de Chick-fil-A, con la cabeza de gallina, ¡pero mi Padre celestial creó el pollo y todo lo demás en la creación!*

Lo mismo puede sucederte a ti. Esta relación se convierte en tuya cuando confías en Dios a través de Jesucristo. Dios da vida a tu corazón y naces de nuevo como hijo o hija de un Padre celestial perfecto. Este nacimiento espiritual no solo nos da vida por dentro, sino que nos coloca en una nueva familia con un nuevo Padre. Cuando Jesús estaba en la cruz, usó una palabra específica que espero que se nos quede grabada en el alma. Al clamar a Dios, Jesús lo llamó *Abba*.

Abba es arameo, la lengua común de la época de Jesús. Era la palabra que utilizaban los niños cuando se dirigían a sus padres terrenales. Abba no se traduce perfectamente al español como *papito o papá*, pero se le aproxima: es una palabra tierna, cariñosa, fácil de pronunciar para un niño. La palabra connota confianza en un padre. No es un título formal. Es un título familiar. Es lo que un niño dice cuando sabe que está cerca de su padre y que su padre está cerca de él.

En Romanos 8:15, la Biblia dice que nosotros, como creyentes, podemos usar este mismo título al dirigirnos a Dios: *Abba*. Eso significa que Dios no es una especie de fuerza nebulosa imposible de conocer o entender. No es tu gran genio cósmico en el cielo. No vive en una catedral con vidrieras de colores, no te lleva la cuenta de los puntos y no es simplemente tu amigo. Dios no es un matón, ni un abuelo, ni la cara que miras en el espejo.

Dios es Padre. Y a través de Cristo, Dios puede ser tu *Abba*, Padre.

Este es el Dios de quien Jesús nos enseñó y la imagen que te invito a ver y a conocer en lo más profundo de tu alma y a guardar allí para siempre. Es una imagen que es verdad, y es una imagen que da forma a todo. Esto es lo que espero que se convierta en lo más importante de ti: que sepas sin lugar a duda que Dios es tu Padre y que eres un hijo amado de Dios.

Y si esa imagen te resulta dura o dolorosa, o tal vez te preguntas qué más hay con todo esto de Dios Padre, pronto verás que te han hecho un regalo sorpresa.

Pero no es nada de lo que esperabas.

Capítulo 4

Reflexión frente a la perfección

Una de las cosas que más ilusión nos hacía a Shelley y a mí cuando nos mudamos de los suburbios a la ciudad era la vista panorámica de los edificios del centro que disfrutaríamos desde la azotea de nuestro nuevo adosado. Es cierto que había que subir por las escaleras de servicio y arriesgarse un poco para llegar a la azotea de nuestro edificio, pero eso no mermó mi entusiasmo lo más mínimo. Teníamos una vista impresionante de la ciudad. Hasta que en el terreno baldío de al lado se construyó un edificio de viviendas que acabaría siendo tres metros más alto que nuestra azotea. Lo suficientemente alto como para obstruir por completo nuestra vista del horizonte.

De la misma manera, tu padre terrenal puede ser responsable de erigir una imagen de Padre que está impidiendo tu visión de un Padre celestial amoroso.

Descubrir que Dios quiere ser conocido como el Padre perfecto es solo la mitad del viaje. Cada uno de nosotros tiene una imagen de cómo es un padre que se basa principalmente en nuestra relación con nuestros padres terrenales. Aunque Dios es cariñoso, acogedor, digno de confianza y fiable, es como si algo, o alguien, hubiera construido una barrera que dificulta la asimilación de este asombroso aspecto del carácter de Dios. Nuestra visión está bloqueada por una comprensión errónea de lo que es un padre.

Ese es el reto inherente al declarar que *Dios es un Padre*. Todos nuestros padres terrenales se han quedado cortos, unos más que otros. Algunos padres demostraron ser verdaderos una y otra vez. Sin embargo, otros demostraron ser falsos, y esto también sucedió una y otra vez. Reconozcámoslo. Hay una crisis de paternidad en nuestro mundo. Según la National Fatherhood Initiative, uno de cada cuatro niños vive en un hogar sin padre.[8] Es decir, una cuarta parte de los niños estadounidenses se despiertan cada día sin ningún tipo de padre presente en sus vidas. Sin embargo, este dato tan asombroso no debería sorprendernos.

El enemigo busca destruir la paternidad. Quiere destrozar nuestra imagen de lo que es un buen padre. Quiere destruir familias y destrozar las relaciones entre padres e hijos. Si puede destrozar nuestra imagen de buenos padres terrenales, entonces podría a su vez dinamitar nuestra imagen de nuestro perfecto Padre celestial. Y si el enemigo no puede destruir por completo nuestra imagen de Dios, tal vez pueda estropearla lo suficiente como para impedirnos vivir plenamente libres.

Seis padres

No pretendo saber ni comprender del todo cómo era/es tu padre. Pero hay seis figuras paternas que suelen dominar nuestras historias. Quizá tu padre sea como una de ellas o tenga características de un par de ellas.

El padre ausente

Este padre podría estar ausente debido a la muerte, el divorcio, la distancia o el desinterés. Puede que se haya ido incluso antes de que respiraras por primera vez. O tal vez lo conociste, pero alguna enfermedad, accidente o violencia te lo arrebató. Si hoy está cerca, tal vez esté demasiado ocupado o se haya ido a otra vida, a otra familia, a otra ciudad.

En resumen: no está presente en tu vida.

Cuando papá se ha ido hay un vacío, un agujero. Lo admitamos o no, tenemos que compensar la ausencia de todo lo bueno de tener un padre. La bendición. El abrazo físico. El apoyo. Las palabras *te quiero y eres mío*.

Sin un padre presente en nuestro mundo, la sensación de seguridad que necesitamos no existe. Falta la protección que todo hijo o hija anhela. Solo te quedan preguntas: *¿Por qué tuvo que morir mi padre? Dios, ¿por qué me has hecho esto?*

Si sigue vivo pero está ausente de nuestras historias, nos preguntamos: *¿Por qué desapareció? ¿No soy importante para él? ¿Sabe siquiera que existo? ¿Se avergüenza de mí? ¿Qué he hecho mal?*

Así que, cuando escuchas «Dios quiere que lo conozcas como tu padre», piensas: *Hombre, eso debe significar que él no está interesado en mí para nada. ¿Cómo puedo saber que él se va a quedar? Por lo que sé, él simplemente se irá.*

A menudo, el vacío dejado por un padre ausente hace que construyamos una coraza alrededor de nuestros corazones, una armadura aparentemente impenetrable que nos protege de volver a sentir esa sensación de pérdida, dolor y traición.

Pero es difícil librarse de la etiqueta de «abandonado» o «huérfano», y es un enorme reto para cualquiera de nosotros que nos hayamos quedado atrás no compensar en exceso la pérdida de la bendición de un padre reclamando nuestra valía de mil cosas menores. Es difícil liberarse de la ausencia de una de las cosas que más necesitábamos.

El padre maltratador

Si este era tu padre, entonces has conocido un aluvión de palabras asesinas, palabras cortantes, palabras difamatorias, palabras debilitantes.

Tal vez te hayas sentido víctima de abusos emocionales. Te condenaron, humillaron, intimidaron, manipularon, te mantuvieron siempre a raya. Las acciones de tu padre minaron tu dignidad y destruyeron tu autoestima. Para algunos fue maltrato verbal. Te gritaban constantemente, te amenazaban, te maldecían. O puede que sufrieras maltrato físico. Te daban puñetazos, patadas, empujones, te tiraban, o herían físicamente a miembros de tu familia delante de ti. Los abusos pueden haber sido sexuales. Quizá tu padre te hizo o te dijo cosas horribles que minaron tu sentido de la intimidad y la dignidad y te hicieron sentir asco por dentro. Tal vez el abuso fue espiritual. Tu padre te llevó por caminos espirituales dañinos. O te coaccionó, condenó o estafó con su espiritualidad.

Cualquiera que fuera la forma que adoptara el abuso, siempre te preguntabas a qué atenerte, y tal vez creciste deprimido, ansioso, a la defensiva, enfadado, tal vez incluso con tendencias suicidas.

Si el abuso de un padre está en tu historia, es posible que tu nivel de confianza sea bajo, especialmente hacia los hombres o cualquier persona en una posición de autoridad. Te han robado la inocencia y la autoestima. La vida era un juego diario de supervivencia y aprendiste a sobrevivir con los mejores.

Para algunas personas, la supervivencia pasa por crear un alter ego, delegando el abuso en otra versión de sí mismas. Algunos albergan un fuego ardiente de ira que les consume por dentro y por fuera: rencor hacia el agresor e intensa frustración hacia sí mismos por haber permitido que ocurriera.

No es fácil acceder a las emociones ni compartirlas con los demás. El aislamiento se convierte en la norma. Las relaciones cercanas tienden a agotarse porque la intimidad y la vulnerabilidad están siempre fuera de nuestro alcance.

He hablado con personas que fueron maltratadas por sus padres y, curiosamente, algunas dicen que en el momento del maltrato no echaron toda la culpa a su padre. En realidad, pensaban que algo en ellos era el problema. Seguramente, debían de haber hecho algo mal o eran defectuosos de algún modo para recibir ese tipo de trato. (Respuesta: ¡no!) El maltrato puede debilitar e incapacitar, y puede dar un duro golpe al sentido de identidad, confianza y valía de una persona. Si Dios es así, ¿por qué querría alguien estar cerca de él?

El padre pasivo

Este padre puede ser un buen tipo, pero es débil y casi siempre silencioso. Se negó a asumir el liderazgo en tu familia. Mamá lleva las riendas mientras papá se queda callado. Con este padre no hay iniciativa, no hay responsabilidad, no hay guía, no hay acción. Papá está paralizado. Quizá esté en el sofá con el control remoto en la mano, o quizá esté congelado por algún trauma de su pasado que no se ha revelado. No es un maltratador y siempre está ahí, pero no interviene en las decisiones y luchas cotidianas de tu vida.

Está derrotado, quizás aplastado hasta la sumisión por algunos acontecimientos de su vida. En última instancia, no puede ser el padre que tú tanto deseas. Y nunca te ha enseñado a vivir, a enfrentarte a un mundo incierto con confianza y valentía. Nunca te ha enseñado como hijo a ser un hombre. Como hija, nunca te ha enseñado lo que significa ser amada y apreciada por un hombre que te honra, te sirve y lucha por ti.

Este padre nunca estableció verdaderas reglas básicas. Nunca te mostró amor duro. Siempre hacías lo que te daba la gana en lo que a papá se refería. Y, aunque les decías a tus amigos que te encantaba la libertad que te daba su desinterés, en realidad querías que a tu padre le importara lo suficiente como para decir: «¡Ya basta!».

Si Dios es como este padre, quizá tampoco sea un factor en tu vida. Honestamente, no lo necesitas.

El padre basado en el rendimiento

La vida con este padre es un suplicio. Le parece bien repartir bendiciones, el amor, la aprobación, el aliento, pero todo viene con condiciones. Con este padre tienes que ganarte su amor. Solo si corres más rápido que los demás niños, podrás chocar los cinco al final de la carrera. Solo si sacas sobresalientes, puede que oigas «bien hecho». Solo si actúas de una manera determinada, o logras una posición determinada, o alcanzas un cierto estándar, puede que recibas la aprobación de este padre. Si pasas por el aro, recibirás el abrazo. Si tocas la campana, recibes el amor. Pero si tropiezas o te caes, si das un paso en falso por el camino, te enterarás. Y pagarás el precio.

El amor retenido se utiliza como motivador. Y para algunos funciona hasta cierto punto. Saltan más alto. Logran más. Se esfuerzan más. Siempre hacen lo que sea para hacer feliz a papá. Puede que les molesten los métodos de papá, pero algunos acaban pasándose la vida demostrándole que siempre fueron lo bastante buenos.

Para otros, vivir con este padre les deja paralizados, abatidos. Al final, temerosos de fracasar y seguros de que nunca lo harán bien, ceden y se rinden. *Nunca seré lo suficientemente bueno para él*, piensan. *¿Qué sentido tiene seguir intentándolo?*

Este padre siempre te está observando, siempre evaluando, a menudo condenando, a menudo juzgando. Este padre solo te ayuda cuando tú te ayudas a ti mismo. Y si Dios Padre es como este padre terrenal, entonces siempre sientes que tienes que hacer más. Tienes que ganarte la aprobación de Dios. Si alguna vez te equivocas, estás acabado. No, gracias.

El padre antagonista

En lugar de darte la bendición, este padre siempre te está criticando. Primero te recuerda que no eres tan bueno, y luego se pone a demostrar por qué él es mejor que tú. Este padre siempre te pone a la defensiva. Es tu contrincante, pero va mucho más allá de la diversión y los juegos. Es tu adversario, tu némesis, una presencia hostil. Entonces se pone a competir por toda la atención. Absorbe todo el oxígeno de la habitación.

Señala todos tus defectos a los demás y siembra el fracaso en tu mente cada vez que intentas algo nuevo. No está a tu favor. Está en tu contra. Y antes de que puedas tener la oportunidad de triunfar en el mundo, tienes que luchar para salir de tu propia casa.

Seguramente Dios, que envió a su Hijo al mundo, no es un Padre así.

El padre empoderador

Algunos de ustedes saben que, aunque su padre no es perfecto, hace todo lo que puede. Tu padre es o fue un buen padre y, tanto si sigue presente en tu vida como si la muerte te lo ha arrebatado, su bendición es una parte importante de la persona en la que te estás convirtiendo. Hay más de un padre así en el mundo.

Este padre es un padre amable, fuerte y alentador. Cuando se trata de querer a su familia, este padre es el que siempre da lo mejor de sí mismo. Puede que siga vistiendo bermudas con calcetines oscuros y zapatos de vestir cuando va al centro comercial, pero siempre les dice a sus hijos que los quiere. Es el tipo que hace todo lo posible por estar presente para sus hijos.

¿Tienes la suerte de conocer a un buen padre? Ese padre que, cuando eras pequeño, metía la cabeza por la noche por la puerta de tu habitación y te decía: «Oye, quiero que sepas que te quiero. Eres mi hijo favorito». Sonreías al oírle decir esas mismas palabras a tu hermano al final del pasillo.

A medida que crecías, él te proporcionaba una red de seguridad que te permitía aspirar a cosas que nunca habías soñado alcanzar. Es el padre al que, si metías la pata o fracasabas, podías seguir llamando. De hecho, fue la primera persona a la que llamaste.

Su amor no estaba exento de corrección cuando lo necesitabas. Pero siempre supiste que le dolía más a él que a ti cuando necesitaba disciplinarte.

Es tu héroe, tu modelo a seguir. Y te ha mostrado lo bueno que es saber que Dios también es un Padre. Alguien en quien puedes confiar, de quien puedes depender, a quien puedes imitar.

No hace mucho oficié la boda de una pareja de veinteañeros en nuestra iglesia. Justo cuando la ceremonia estaba a punto de comenzar, fui testigo de algo especial.

Aunque no conocía muy bien a los padres de los novios, sabía que ambos provenían de familias fuertes y amorosas. Había oído que el padre del novio hablaba abiertamente de su amor por Jesús, y que contaba con entusiasmo y franqueza el gran amor de Dios a cualquier camarero, conductor de automóvil compartido, transeúnte o vecino. Así que lo que sucedió a continuación cuando el novio y yo estábamos a punto de caminar hacia el altar no fue una sorpresa. Sin embargo, fue increíblemente poderoso.

De pie en el porche de una hermosa finca, Josh y yo estábamos a pocos minutos de tomar nuestro lugar bajo el enorme árbol de pacana al final del camino entre los invitados. Los hermanos de Josh y su padre estaban detrás de nosotros cuando su padre levantó la voz en nuestra dirección.

«¡Te quiero, hijo!», gritó.

«¡Dios bendiga a Josh! ¡Dios bendiga a Louie! Gloria a Dios. Toda alabanza a Jesús. Alabado seas Jesús. Gloria a Dios».

«Dios bendiga a Josh», continuó. «Dios bendiga a Louie».

Mientras nos dirigíamos hacia el altar, pude oír a lo lejos al padre de Josh diciendo: «¡Gloria a Dios! ¡Dios bendiga a Josh!».

Qué imagen tan poderosa de un padre empoderador.

Josh estuvo literalmente bajo la catarata de la bendición de su padre en cada paso del camino hacia uno de los momentos más importantes de su vida.

Si has tenido un padre así, lo más probable es que tengas una ventaja para ver a Dios como Padre. Pero si has vivido con uno de estos otros tipos de padres, o algún híbrido de algunos de ellos, puedes sentir que todavía estás atascado. Atascado con una visión retorcida de *padre* que te está dificultando abrazar esta idea de que Dios quiere que lo conozcas como Abba Padre.

Todo lo que siempre has soñado

Entonces, ¿qué haces si tu visión *del padre* se ha hecho añicos? ¿Cómo seguir adelante si tu confianza en quien debería haber sido la persona más digna de confianza en tu vida (tu padre terrenal) ha sido dañada o corrompida o desdibujada? ¿Cómo puedes celebrar el hecho de que hay un gran Dios en el cielo que quiere que le conozcas como *Abba*? Si Dios es un padre como el tuyo, ¿por qué querrías tener algo que ver con él?

Bueno, aquí están las buenas noticias, las noticias que cambian la vida que he estado esperando para compartir desde que empezamos este libro:

Dios no es el *reflejo* de tu padre terrenal. Él es la *perfección* de tu padre terrenal.

Dios no es solo una versión más grande de tu padre terrenal. Es todo lo que siempre quisiste que fuera tu padre y más.

Esta es una gran noticia para todos nosotros. Aunque tu padre sea un padre realmente maravilloso, no quieres que sea tu Dios, y no quieres que Dios sea exactamente como él. Quieres un Dios que sea algo parecido a él, pero infinitamente mejor. Y eso es lo que tienes.

Dios no es el *reflejo* de tu padre terrenal.

Él es la *perfección* de tu padre terrenal.

Y si has estado intentando superar las heridas de un padre terrenal terrible, y estás pensando que nunca podrás relacionarte con Dios como padre porque ni siquiera sabes cómo, te animo a que lo pienses de nuevo. Incluso si tu padre dejó una estela de dolor y confusión y te debilitó más de lo que te ayudó a fortalecerte, aún puedes imaginar cómo habría sido si las cosas hubieran sido diferentes.

Es probable que *hayas* imaginado cómo sería tu vida con un padre cariñoso, comprometido, alentador e interesado. ¿Y *si* tu padre terrenal se sentara pacientemente al lado de tu cama y te pidiera que le contaras tu día? ¿No te has imaginado cómo habría sido su abrazo? ¿Cómo habría sido si hubiera dejado el periódico o bajado el volumen del control de la televisión y se hubiera fijado en ti? ¿No te has preguntado cómo habrían sido las cosas si él hubiera aparecido y se hubiera puesto sobrio y se hubiera mantenido fiel y te hubiera defendido? ¿No has intentado imaginar a tu padre siendo así?

La buena noticia es que Dios es lo que has imaginado todos estos años. Es todo lo que siempre has deseado y mucho más. Puedes usar esos anhelos y deseos para encontrar tu camino hacia él, sabiendo que él no es una versión sobredimensionada de tu papá; él es el Padre perfecto que siempre has soñado. En las páginas de las Escrituras puedes saber que...

- Tú eres la niña de sus ojos.
- Él te vio mucho antes de que tú le vieras a él.
- Tú eres su creación única y con propósito.
- Tú has sido amado por él desde antes de que existiera el tiempo.

- Te buscó y pagó un rescate por ti antes de que hicieras nada para merecerlo.
- Nunca se rindió contigo.
- Antes de que Dios te pidiera algo, te lo dio todo en el don de su Hijo.
- Tú le importas a Dios.
- Tienes un destino.
- Eres alguien.
- Tienes dones otorgados por Dios.
- No eres el centro de toda la creación, pero eres muy amado por Aquel que sí lo es.
- Tienes acceso al trono de la gracia.
- Tienes un sitio en la mesa del cielo.
- Tienes un Dios al que llamar Padre.
- Y tienes un Dios que te llama hija/hijo.

Tu Padre celestial es un sanador. Él puede sanar todas las heridas que tu padre terrenal te haya causado. Él puede levantarte y sostenerte en su cuidado. Él puede redimir lo que se ha perdido y hacer todas las cosas nuevas otra vez. Sus brazos son fuertes y su corazón es bueno y puedes confiar en él.

¿Pero cómo?

Afrontar la herida

El enemigo está constantemente susurrándote al oído: «Oye, no puedes confiar en Dios, porque ¿recuerdas lo que te hizo tu padre? ¿Recuerdas cómo tu padre te rompió el corazón? Tarde o temprano, Dios va a hacer lo mismo».

¿Cómo superar este obstáculo? ¿Cómo acallas la voz del enemigo que resuena en tu cabeza y te hace encerrar tu corazón en una cámara acorazada, para no volver a ser herido?

Primero tienes que hacer un balance serio de tu dolor. No creo, como algunos, que el factor impulsor de todas nuestras vidas sean nuestras «heridas paternas». No creo que todas las personas hayan sido quebrantadas por su padre terrenal. Sin embargo, las heridas del padre son reales, y para algunos, estos lugares de dolor son el factor dominante que da forma a cómo se ven a sí mismos y cómo se relacionan con los demás. Hablando con mucha gente como pastor, es asombroso cuántas de sus luchas están conectadas a su relación (o falta de ella) con su padre.

Si esto te describe, entonces el primer paso hacia la libertad es afrontar el dolor y la herida. Ignorar nuestras heridas no va a ayudar a sanarlas. Actuar como si estuviéramos bien o empeñarnos en demostrar que no nos importa lo que nos hizo nuestro padre no es realista y solo nos mantendrá atascados en el pasado.

Cuando tenía unos diez años, mi padre pasó seis meses trabajando en Holanda. Cuando regresó a Atlanta, vino cargado de regalos para mi madre, mi hermana y para mí. Nunca olvidaré el momento en que me entregó una cajita que contenía una navaja suiza roja. ¡Golazo! Aunque solo medía diez centímetros, este artilugio tenía una docena de funciones diferentes: entre ellas, un sacacorchos, unas tijeras diminutas, una lima de uñas, un palillo de dientes y varias hojas de cuchillo diferentes. Es cierto que mi padre probablemente lo compró en el aeropuerto, pero yo era demasiado joven para preocuparme o dejar que eso enfriara mi estado de ánimo. Esta cosa era de fiar, y la desaprobación de mi madre solo hizo que me gustara más. Papá me dio un rápido tutorial, subrayado por la instrucción de usar siempre la hoja del cuchillo en un movimiento alejado de mi cuerpo. «Corta siempre lejos de ti», me advirtió. «¿Entendido?».

«Sí, papá, lo entiendo. Cortaré siempre así», le dije, mientras hacía un gesto con el cuchillo alejándolo de mí.

Unas semanas más tarde, mientras mamá y papá tenían invitados a cenar y a jugar a las cartas, me encerré en el cuarto de baño de mis padres y me puse a perfeccionar mis habilidades de tallado (que eran nulas) en un trozo de madera de medio metro de largo por diez centímetros de ancho y profundo que había sobrado del mueble del equipo de música que papá estaba construyendo. Sentado en el retrete, agarré la madera con una mano y empecé a tallarla con una cuchilla grande de tres pulgadas. A los cinco minutos, ocurrió lo inevitable. Tontamente, estaba tallando la madera hacia mi cuerpo cuando la hoja resbaló y me cortó la mano izquierda. La hoja atravesó la piel que forma la membrana entre el pulgar y el índice. Me ahorraré la descripción para los débiles de corazón, pero baste decir que corrió sangre por todas partes. No quería interrumpir el juego de cartas, pero esto no podía esperar.

«Mamá, me he hecho mucho daño en la mano», confesé mientras saludaba tímidamente a nuestros invitados. Volviéndome de espaldas a la mesa, retiré el fajo rojo de papel higiénico que estaba apretando contra la herida.

Sus ojos se abrieron de par en par.

«¿Cómo te has hecho eso?», preguntó ella.

«Estaba tallando con el cuchillo nuevo que me regaló papá y se me resbaló».

«Bueno, lo miraremos después de que nuestras visitas se hayan ido», dijo. «Y trata de no manchar de sangre la alfombra».

Esta era una respuesta clásica de mi madre. Aunque a veces era dramática, le restaba importancia cuando me hacía daño. Cuando las visitas se fueron de casa, examinó el corte, le echó agua en el lavabo e hizo una curación con tiritas y gasas. Esa noche recibí un sermón de papá (incitado por mamá) y me confiscaron la navaja suiza como castigo por infringir la regla «número uno».

Cincuenta años después, la cicatriz de mi mano izquierda confirma que la cuchillada me dejó una abertura de cinco centímetros, que me dejó la mano prácticamente inutilizada durante algún tiempo. Era un corte que requería puntos, sin duda. Pero en lugar de ir a urgencias, la cubrimos lo mejor que pudimos e intenté no mover el pulgar durante una semana.

Lamentablemente, las cosas no mejoraron. Pasaban los días y me cambiaban las vendas, pero la herida tenía cada vez peor aspecto, infectándose y volviéndose asquerosa. Nunca me pusieron puntos y, de alguna manera, mi mano acabó curándose, pero puedo decirte que intentar ignorar una herida tapándola no es lo más recomendable.

Lo mismo ocurre con las heridas de nuestro corazón. No podemos simplemente ignorar el aguijón de las heridas de un padre. A veces lo intentamos pensando cosas como:

- *No me importa mi padre. No podría importarme menos lo que hizo o dejó de hacer.*
- *De todos modos, no lo necesito.*
- *Estoy bien, y nunca le haré saber cuánto me lastimó.*
- *Lo que hizo entonces no tiene nada que ver conmigo ahora.*
- *Estoy mejor sin él.*
- *Si eso es lo que siente por mí, entonces eso es lo que sentiré por él.*
- *Mi padre es un perdedor y yo nunca seré como él.*

- *No me importa si lo vuelvo a ver.*
- *Mi futuro marido será mucho mejor que mi padre.*

Sin embargo, esas afirmaciones solo refuerzan una cosa: tu decepción con tu padre y la forma en que sus acciones han afectado a tu vida. Fíjate en que el denominador común de cada frase es la palabra «él». No puedes superar las heridas de tu padre insistiendo repetidamente en que no te impactan las heridas infligidas por él. Y no puedes decir que no necesitas la bendición de tu padre terrenal sin admitir que hay una bendición sin la cual estás viviendo.

Entonces, ¿cómo descubrir las heridas y encontrar la sanidad para nuestras almas?

Para superar nuestras heridas, primero tenemos que mirarlas a la cara y admitir cómo nos han hecho sentir. Tenemos que reconocer la verdad de nuestro dolor. Tenemos que arrancar la tirita y entrar en contacto con la realidad que hay debajo. No podemos permitirnos ignorar las heridas. Pero tampoco podemos quedarnos en el pasado, siempre presionando sobre nuestras heridas, siempre indagando con preguntas del tipo *¿por qué?* Así nunca sanarán. Así que debemos cambiar nuestro enfoque, comprendiendo que la sanidad no se produce ignorando nuestras heridas, pero tampoco se producirá si nos obsesionamos con ellas. La sanidad llega cuando consideramos las heridas de alguien más, es decir, las heridas de Jesús.

El camino hacia la sanidad se encuentra en centrarse en las heridas de Jesús. «Pero Él fue herido por nuestras transgresiones, molido por nuestras iniquidades. El castigo, por nuestra paz, cayó sobre Él, y por Sus heridas hemos sido sanados» (Isaías 53:5).

Profundizar cada vez más en tu pasado sin una firme comprensión de la cruz y de la victoria que Jesús ganó para ti allí es como intentar realizarte una operación a corazón abierto a ti mismo. Si necesitas un trasplante de corazón, primero debes estar dispuesto a afrontarlo, a admitirlo; pero también necesitas un cirujano del corazón, alguien que pueda hacer por ti lo que no puedes hacer por ti mismo.

Las heridas son reales, e ignorarlas puede ser fatal. Pero el cirujano del corazón está aquí, y se llama Jesús.

Deja que eso penetre en tu alma: la sanidad está aquí y ahora en la persona de Jesús.

Reflexiona sobre las llagas de Cristo

Quiero cerrar este capítulo aquí, con la solución al alcance de la mano, pero la solución aún no nos ha sido explicada. Quiero que nos quedemos con esta tensión que podemos sentir al pensar en nuestros padres terrenales.

Sé que para algunos de nosotros ese es un lugar difícil en el que estar, y quiero respetar el ritmo lento que puede ser necesario para que salgamos de ese lugar. Permítete respirar aquí. Deja que tus ojos se abran de a poco a las heridas de Aquel que, en última instancia, nos cura.

A través de nuestra fe en Cristo, todos podemos encontrar sanidad, y todos podemos encontrar al Padre que hemos estado anhelando todo el tiempo. Y a través de Cristo *sí* tienes a este perfecto Padre Dios.

Lo tienes.

¡Sí!

Te animo a que pases de una imagen a la siguiente, de la imagen rota que dejó un padre terrenal al Padre perfecto que se acerca. Respeta el tiempo que esto puede llevar, claro. Pero también permítete revivir esta gloriosa verdad. Dios, tu *Abba*, ha hecho todo lo posible para que sepas lo mucho que le importas, y lo analizaremos más detenidamente a continuación.

Capítulo 5

La historia de dos árboles

La paternidad es central en la historia de Dios.

Lo vemos en la conexión entre las últimas palabras de la primera sección de las Escrituras (lo que llamamos el Antiguo Testamento) y las primeras palabras de la sección que comienza con la historia del nacimiento de Jesús (el Nuevo Testamento).

Cuando el Antiguo Testamento llega a su fin, el pueblo de Dios estaba atascado en sus caminos obstinados y pecaminosos. El amor, la gracia y el liderazgo de Dios estaban constantemente a su disposición, pero la mayoría de las veces optaban por seguir solos, resolviendo las cosas con su propia sabiduría. Habían dejado atrás sus ídolos, pero no honraban los caminos de Dios ni confiaban en la fidelidad de su carácter. Eran tacaños en sus ofrendas a la casa de culto de Dios y deshonestos en su trato con él, como si él no conociera plenamente sus corazones.

Todo era un desastre, pero Dios seguía teniendo un plan de redención. A pesar de su rebelión, Dios seguía amando a su pueblo y quería lo mejor para él. Pero, al parecer, Dios estaba harto de sus desplantes. Su pueblo no escuchaba y Dios dejó de hablar. Entre el final del Antiguo Testamento y el comienzo del

Nuevo, hay cuatrocientos años de historia sin ningún mensaje grabado de Dios.

Cuando tomamos en nuestras manos un ejemplar de las Escrituras, basta con pasar una página para pasar de la profecía de Malaquías al Evangelio de Mateo. Sin embargo, ese simple paso de página representa cuatro siglos de silencio. Cuatrocientos años en los que no hubo profeta. Ninguna promesa. Nada.

Pero ¿te has fijado alguna vez cuáles son las últimas palabras del Antiguo Testamento registradas en las Escrituras? ¿Qué mensaje dejó Dios a su pueblo justo antes de guardar silencio durante cuatro siglos?

«Yo les envío al profeta Elías antes que venga el día del Señor, día grande y terrible. *Él hará volver el corazón de los padres hacia los hijos*, y el corazón de los hijos hacia los padres, no sea que Yo venga y hiera la tierra con maldición» (Malaquías 4:5-6, énfasis añadido).

¡Qué increíble! El Antiguo Testamento termina con una promesa que subraya el deseo de Dios de restaurar la paternidad, enderezando las relaciones entre los hijos y sus padres. Dios quiere reconectar los corazones de los padres con sus hijos y volver a colocar a los niños bajo la catarata de la bendición de su padre.

En un sentido más amplio, Dios está tratando de restablecer a su futuro pueblo en una correcta comprensión de sí mismo y de sus caminos. Sin embargo, en un sentido más específico, Dios quiere que nos demos cuenta de que él está trabajando (incluso en medio del silencio) para hacer posible que le conozcamos como *Abba Padre*.

En estas palabras finales de Malaquías, vemos tanto una promesa como un motivo para que nos detengamos. La promesa es que Dios *no* va a paralizar su obra solo porque el pueblo haya dejado de escucharle. Sus planes seguirán avanzando. Su misión no se verá frustrada.

También vemos una advertencia en estas palabras. Dios nos está asegurando que nuestra rebelión no quedará sin control para siempre. Quiere que sepamos que se acerca la ira de un Dios santo. Mas no te pierdas esto: Dios es misericordioso y bondadoso. La ardiente justicia de su rectitud no tiene que ser nuestro fin.

¿Cómo sabemos que Dios es misericordioso y bondadoso? Después de cuatrocientos años de nada, el persistente silencio del cielo se rompió con el llanto de un bebé en Belén, porque esto es lo que Dios tenía que decir a continuación...

Dios vuelve a hablar

Imagínate lo ansioso que estaba el ángel que recibió el encargo de declarar a los pastores que un Salvador había nacido cerca de allí durante la noche. Durante siglos no hubo ningún mensajero, pero ahora se hacía el anuncio que cambiaría la historia: «Porque les ha nacido hoy, en la ciudad de David, un Salvador, que es Cristo el Señor» (Lucas 2:11).

En realidad, ya se habían producido algunas visitas de ángeles en los meses previos al nacimiento de Jesús. El ángel Gabriel se le apareció a un hombre llamado Zacarías prometiéndole el nacimiento de Juan el Bautista. El ángel le dijo a Zacarías que su hijo, Juan, tendría un papel privilegiado en la historia de Dios. Juan iba a preparar el camino para Jesús, llamando a la gente a cambiar sus costumbres y volverse al Señor. Y también iba a hacer algo más:

Él irá delante del Señor en el espíritu y poder de Elías PARA HACER VOLVER LOS CORAZONES DE LOS PADRES A LOS HIJOS, y a los desobedientes a la actitud de los justos, a fin de preparar para el Señor un pueblo bien dispuesto». (Lucas 1:17, énfasis añadido)

Vemos que, a través de Juan, Dios estaba cumpliendo las últimas palabras del Antiguo Testamento.

En el primer capítulo del Nuevo Testamento, Dios se muestra cumpliendo su promesa y preparando un camino para que los corazones de los padres cambien, haciendo un camino para restaurar la relación entre padres e hijos. Haciendo un camino para que tu corazón cambie y un camino para traer sanidad entre tú y tu padre terrenal. ¿Por qué? Porque la paternidad le importa a Dios. Le importa tanto porque en última instancia, él está haciendo un camino para traer sanidad entre tú y tu Padre celestial.

Las palabras proféticas de Malaquías se hacen realidad cuando Jesús viene a la tierra, Dios en un cuerpo humano. Jesús no solo vino a hacer buenas obras y a sanar a los enfermos. No estuvo en la tierra solo para caminar sobre el agua y resucitar a su amigo Lázaro de entre los muertos. Jesús vino a morir, a hacer lo que ninguna otra persona jamás nacida pudo hacer. Nacido de una virgen y sin pecado, Jesús vivió obediente al Padre para poder cambiar su vida inocente por la tuya. Al hacerlo, canceló tu deuda del pecado y la muerte y te ofreció el regalo de la vida eterna.

Esta es la gloriosa historia evangélica que alimenta este libro y todo lo demás sobre el mensaje cristiano. Y este intercambio celestial te ofrece una posibilidad de paternidad casi incomprensible. Quizá pienses: *Agradezco que Jesús entregara su vida para que yo pudiera ser perdonado y tener paz con Dios, pero ¿qué tiene que ver eso con lo que pasó entre mi padre y yo?* A veces nos enredamos en nuestro árbol genealógico y no vemos la primacía del árbol que es la cruz del Calvario y la conexión vital entre ambos.

Piénsalo de esta manera: Jesús voluntariamente asumió todo el mal de cada uno de nosotros en la cruz. Eso significa que Dios transfirió todo nuestro mal —y todo el mal de tu padre— a la vida intachable de su Hijo. Una vez que eso sucedió, Jesús cargó con la culpa de nuestros caminos pecaminosos, y por lo tanto cargó con el peso de la ira de Dios que merecíamos. Recuerda que las Escrituras dicen que Jesús «fue herido por nuestras transgresiones, molido por nuestras iniquidades» (Isaías 53:5).

El significado del nacimiento del niño, que rompió siglos de silencio, que quiero que veas es este: cuando Jesús eligió morir en esa cruz, fue abandonado por su Padre para que tú nunca tuvieras que vivir un día sin la bendición de un padre. Él fue abandonado por su Padre celestial para que tú nunca tuvieras que ser abandonado por Dios. Jesús realizó la obra en la cruz para darte un nuevo árbol genealógico.

Y este nuevo árbol genealógico lo cambia todo.

Nunca serás abandonado

Cuando la ira de Dios cayó sobre Jesús, hubo oscuridad sobre toda la tierra y la tierra tembló. Entonces, estando a punto de morir, Jesús exclamó: «DIOS MÍO, DIOS MÍO, ¿POR QUÉ ME HAS ABANDONADO?» (Mateo 27:46).

Qué palabras tan asombrosas salieron de los labios de este Hijo que había vivido durante treinta y tres años en la tierra (y durante toda la eternidad pasada) en un vínculo inseparable con su Padre. Sin embargo, ahora, cubierto con nuestra vergüenza, Jesús sabía lo que era ser abandonado por su Padre todopoderoso.

Abandonado.

Desnudo.

Golpeado.

Humillado.

Solo.

Herido.

Rechazado.

Así murió Jesús. Al morir, Jesús hizo realidad la esperanza expuesta en el último puente profético desde Malaquías hacia el futuro. Ahora, a través de Cristo, Dios podía perdonarte. Cubrir tus pecados, cancelar tu deuda y desechar tu vergüenza para siempre. Resucitarte con Cristo a una nueva vida y llamarte hijo o hija. Jesús fue abandonado para que tú nunca tuvieras que vivir un día sin la bendición de un padre.

¡Sumérgete profundamente en esta verdad! Debido a lo que Jesús ha hecho por ti, puedes nacer de nuevo a través de la fe en él en la familia de Dios y tener siempre acceso a la bendición del Padre. Cuando estés en la familia de Dios, nunca serás olvidado.

Jesús tomó sobre sí toda maldición que pesa sobre tu vida, especialmente la maldición de vivir sin el amor, la aceptación y la aprobación de un padre. Jesús hizo esto cuando fue colgado

Jesús fue abandonado
para que tú

nunca tuvieras que vivir un día sin la bendición de un padre.

en el madero del Calvario, como está escrito con referencia a la cruz: «Maldito todo el que es colgado en un madero» (Gálatas 3:13, NTV). Y debido a la obra de Cristo, esta es tu nueva identidad:

- Jesús fue maldecido para que tú pudieras ser sanado.
- Jesús fue rechazado para que tú pudieras ser aceptado.
- Jesús experimentó la ira del justo juicio de Dios para que tú pudieras ser liberado del peso del pecado y la vergüenza.
- Jesús fue quebrantado en la cruz para que tu destino destrozado pudiera recomponerse.
- Jesús se hizo pecado para que tú pudieras convertirte en la justicia de Dios en él.
- Jesús fue herido para que tú pudieras ser sanado.

Una vez que tus ojos se abren al poder transformador de la muerte de Jesús, comprendes que la cruz no es solo un momento importante en los anales de la historia; la cruz es el lugar donde se define tu razón de existir. Es el lugar donde puedes dar un paso hacia tu propósito al reclamar el perdón y la paternidad de Dios. Al cambiar tu relación con Dios, descubres que las relaciones humanas también pueden cambiar, y por los mismos medios. Si quieres avanzar hacia la sanidad en la relación con tu padre terrenal, debes volver a la cruz de Cristo una y otra vez. Es el lugar donde dejaste de ser huérfano, sin importar tu pasado.

Y debes ver la cruz a través de los ojos abiertos por el Espíritu de Dios.

Vislumbrar la cruz

Una noche estando en un retiro universitario con mi iglesia en Simons Island, Georgia, tuve una revelación que cambió la trayectoria de mi vida. Estaba sentado con unos amigos en la última fila del auditorio mientras nuestro pastor, el Dr. Charles Stanley, enseñaba sobre la permanencia en Cristo a partir del Evangelio de Juan. Todo iba bastante normal hasta el momento de la respuesta, mientras él oraba sobre el grupo al final de su mensaje. De repente, todos los pensamientos extraños desaparecieron de mi mente, y todo lo que pude ver fue a Jesús colgado en la cruz. No vi visiblemente la cruz, y no sé qué aspecto físico tenía Jesús colgado allí, pero vi una imagen de Jesús en la cruz, ensangrentado y maltrecho, con una corona de espinas clavada en la cabeza y agonía en su rostro.

Yo era un niño de la iglesia. Había oído hablar de la cruz toda mi vida y creía en su poder para salvar. Cantaba sobre ella, enseñaba estudios bíblicos sobre ella, leía sobre ella. Pero en ese momento, todo cambió. *Tuve una revelación de la cruz.*

Lo que me detuvo mentalmente fue darme cuenta de que esa era *mi cruz*. Jesús estaba colgado en una cruz en la que yo debería haber estado. Fue mi pecado, mi culpa, mi error lo que lo puso allí. Y él estaba recibiendo todo el castigo que yo merecía para que yo pudiera ser libre.

El Dr. Stanley terminó su oración y todos se dirigieron a otro edificio donde el gran evento de la noche era preparar tu banana *split*. Había helados de todos los sabores y con todos los ingredientes imaginables. Pero, de repente, no me importaba el postre, ni ver a la chica que me interesaba, ni reírme con mis amigos. Les dije entre dientes que siguieran sin mí y me quedé allí sentado, congelado en mi nueva revelación. No podía moverme de la silla.

Aquella noche Dios abrió los ojos de mi corazón.

Del mismo modo, Dios no solo quiere que conozcas la cruz. Él quiere que la veas de tal manera que te sacuda hasta la médula y despiertes a una comprensión reveladora que puede cambiar la dirección de tu vida. Ese es el tipo de revelación que él quiere darte, una revelación que te permita cambiar en un instante. Eso le sucedió a uno de los soldados que clavó a Jesús a esa viga de madera. Instantes después de que Jesús exhalara su último aliento, el centurión declaró: «¡Este hombre era verdaderamente el Hijo de Dios!» (Marcos 15:39). Había oído a la gente decir todo tipo de cosas sobre Jesús, sobre quién decía ser. Pero en esos momentos, al ver morir a Jesús, el centurión recibió la vista espiritual y *supo por sí mismo* exactamente quién era Jesús.

No podemos pasar por alto la cruz. Es importante que veamos que allí ocurrió algo poderoso, espantoso y valiente. A pesar de lo horrible que fue la muerte de Jesús para él, es lo mejor que nos ha pasado a ti y a mí. Una vez que realmente lo vemos, somos libres. Lo vemos y confesamos: *¡Estoy perdonado!*

La gracia radical invade nuestra historia. La culpa y la condenación se disipan. Nos damos cuenta de que a través de la fe en Jesús somos hechos nuevos, tenemos un nuevo comienzo. Este nuevo comienzo no es acerca de algo que nosotros hacemos; se trata de alguien en quien creemos y, como resultado, alguien en quien nos convertimos. Nacemos de nuevo como hijos e hijas de un Padre perfecto. Pero ahí no acaba la historia. Ocurre algo más. Cuando empezamos a darnos cuenta de que somos los receptores de la gracia más asombrosa, empezamos a darnos cuenta de que tenemos la capacidad de reflejar esa misma gracia poderosa a los demás.

Y eso incluye a tu padre.

Pero antes de que puedas avanzar en hacer las paces con tu padre, primero tienes que volver al lugar donde tu Padre celestial hizo las paces contigo.

En este proceso, puedes ser completamente sincero sobre tus sentimientos acerca de lo que pasó con tu padre. Tal vez tu padre se divorció de tu madre y abandonó la familia cuando eras joven. O tal vez murió de cáncer, de un ataque al corazón o de alguna otra enfermedad. O tal vez rompió tu confianza y tu corazón y, como resultado, te hizo pasar a ti y a tu familia por una montaña rusa de altibajos, con algunas promesas cumplidas, pero muchas más rotas. O quizá tu padre te hizo daño, te robó la inocencia, te golpeó, te maldijo o te dijo que ojalá no hubieras nacido. O puede que no tengas un padre con quien reconciliarte. Tu padre se marchó mucho antes de que nacieras o, peor aún, ni siquiera sabe que estás vivo en el planeta Tierra. Si lo supiera, ¿vendría a buscarte? ¿Se preocuparía? ¿Te querría? ¿Y estaría orgulloso de ti?

¿Qué haces con todo el dolor y el quebranto que has experimentado a causa de tu padre terrenal? ¿Dónde estaba ese *Padre celestial perfecto* cuando todo esto estaba sucediendo? Y si el *Padre perfecto* es tan bueno y te ama tanto, ¿por qué no detuvo las cosas o cambió la situación?

Para ser sincero, no hay respuestas sencillas a estas preguntas. No hay una venda única que pueda dar sentido a tu herida y a tu dolor, pero hay una cruz que forma una historia en medio de tu historia.

Cuando me siento con la gente y me invitan a entrar en su dolor, siempre trato de ayudarles a centrarse en la cruz de Jesús.

Es real. E inamovible. Y arenosa. Y gloriosa. Y es el único lugar donde podemos encontrar sanidad en medio de un dolor profundo y desgarrador. Es donde necesitas acampar si tienes una historia de vida destrozada por las acciones de tu padre terrenal, porque el lugar donde encuentras paz con tu Padre celestial es el mismo lugar donde vas a encontrar la posibilidad de paz con tu padre terrenal. La paz se encuentra en la cruz de Cristo.

A medida que tus ojos se abren para ver la cruz, varias verdades clave sobre la obra que Jesús hizo en la cruz te ayudarán a sostenerte en los momentos más oscuros, y te animo a meditar en ellas:

1. La cruz de Cristo reforzará que Dios te ama.

El enemigo ya te está diciendo que, si Dios te amara, entonces estas cosas terribles y dolorosas no te habrían ocurrido.

Obviamente Dios no te ama, te susurra Satanás en el pensamiento. *Si te amara, ¿por qué te sucederían tantas cosas horribles?*

Pronto, empezamos a repetir las mentiras de Satanás a nosotros mismos y a los demás. Pensamos: *Algo anda mal conmigo. Quizá Dios está tratando de castigarme. Quizá no le importo. Quizá ni siquiera está presente.*

Pero la cruz es la prueba indiscutible de que Dios te ama porque es el lugar donde dio lo mejor de sí mismo por ti.

Quizá pienses: *No me siento amado.* Afortunadamente, el amor que Dios mostró por ti no comienza con un sentimiento. Su amor se demuestra en una realidad. Jesús *realmente* murió por ti. Así que empezamos por creer una realidad, hundiendo nuestros pensamientos en la verdad de lo que sucedió en la cruz. Con el tiempo, nuestros sentimientos nos seguirán cuando recordemos una y otra vez lo que ocurrió allí.

«En esto consiste el amor: no en que nosotros hayamos amado a Dios, sino en que Él nos amó a nosotros y envió a Su Hijo como propiciación por nuestros pecados». (1 Juan 4:10)

«Pero Dios demuestra Su amor para con nosotros, en que siendo aún pecadores, Cristo murió por nosotros». (Romanos 5:8)

2. La cruz de Cristo es el lugar que te permite saber que Dios comprende tu dolor.

Tu Padre celestial sabe lo que es ver a su Hijo sufrir y morir. Y Jesús conoce las profundidades de la angustia igual que tú. Jesús no es indiferente a tu dolor. Él comprende lo que sientes y ha sido aplastado por la oscuridad.

Hace unos años, durante una sesión de preguntas y respuestas antes de una de nuestras paradas de la gira Passion Worship Night, una joven del público nos hizo una pregunta interesante. Era una pregunta que nunca nos habían hecho. En un formato previo a un evento como este, las preguntas suelen ir desde «¿Cómo empezaron el ministerio?» hasta «¿Cómo mantienen el equilibrio entre la iglesia, las giras, las conferencias y todas las demás cosas que tienen entre manos?».

Cuando llegó su turno, dijo: «He sufrido un asesinato en mi familia y no sé qué hacer. ¿Puede Dios ayudar a alguien como yo?».

¿Qué decir en un momento así, sobre todo cuando la pregunta te toma desprevenido?

Tras una pausa, le dije en primer lugar cuánto lamentaba saber que había pasado por algo tan difícil, viviendo con la persistente realidad de que la vida le había sido arrebatada a alguien de su familia. También le dije que yo no podía identificarme plenamente con su situación porque no había vivido nada parecido, pero que sabía que Dios sí podía. Dios podía identificarse plenamente.

Y entonces el Espíritu me ayudó. Mientras le respondía recordé que Dios también ha sido testigo de un asesinato en su familia. Vio cómo hombres malvados le quitaban la vida a su Hijo (sí, era su plan, pero lo llevaron a cabo hombres llenos de odio). Nunca antes había hablado de la muerte de Cristo en esos términos, pero tampoco antes me habían hecho esa pregunta. Dios comprende su dolor y el tuyo. ¿Cómo lo sabe? La cruz de Cristo es la prueba.

3. La cruz de Cristo es la prueba de que Dios puede tomar lo peor y sacar algo bueno de ello.

Sé que puede sonar trillado, como una frase de iglesia. Y lo sería si la cruz de Jesús no estuviera en tu historia, arrojando un poderoso legado de esperanza sobre tu vida.

Seamos sinceros. Si hubiéramos sido testigos presenciales de la muerte de Jesús, estaríamos convencidos de haber presenciado lo peor que puede ofrecer este mundo pecador. «Qué día tan horrible», diríamos. «¿Podría haber algo peor que hoy?».

El inocente Hijo de Dios fue injustamente asesinado mediante uno de los medios de ejecución más atroces jamás ideados. Ni siquiera la tierra pudo contemplar cómo la oscuridad envolvía la cruz en plena tarde.

Sin embargo, tres días después Jesús venció a la muerte, venciendo al pecado, al infierno y a la tumba. Por el poder de Dios, Jesús estaba vivo de nuevo, victorioso y libre. Hoy, después de que han pasado más de dos mil años de historia, los seguidores de Jesús no llamamos a ese día «Viernes Malo». No; es todo lo contrario. Lo llamamos «Viernes Santo». No lo reivindicamos como el peor día de la historia; lo cantamos como lo mejor que le ha pasado a la raza humana. ¿Por qué? Porque Dios tomó lo peor y lo convirtió en lo mejor.

Enfrentar tu árbol genealógico

Si Dios puede sacar lo mejor de lo peor de Cristo, sin duda puede superar la destrozada red de destrucción dejada por la gente en tu vida. Dios puede restaurar y crear algo hermoso a partir del caos de tu vida, del legado de devastación de tu pasado. Él puede y traerá el cambio que muestra su poder y amor. Oh, y esto no es una promesa de cuento de hadas que estoy ofreciendo o alguna palabrería ilusoria. Es una verdad fundamental anclada en la historia, en la cruz de Jesús.

El profeta Joel proclamó que Dios dice: «Les devolveré lo que perdieron a causa del pulgón, el saltamontes, la langosta y la oruga» (Joel 2:25, NTV). Por eso, aunque el pecado de tu padre, o su insensatez o su desinterés o su fracaso, hayan dejado tu corazón como la ladera de una montaña devastada, limpia de todo lo bello y fructífero y prometedor, no es el final de tu historia. Incluso si una tormenta de destrucción ha dejado tu vida desnuda, Dios está en la empresa de dar belleza en lugar de cenizas, y eso es lo que él quiere hacer por ti.

El enemigo está tratando de poner una cuña entre tú y Dios usando lo que ha pasado con tu papá para hacerte dudar de que el corazón de Dios es bueno y que sus brazos son fuertes. Sin embargo, una nueva comprensión y visión de la obra terminada de la cruz puede forjar un vínculo entre tú y tu Padre celestial que no puede ser roto.

El árbol del Calvario es siempre primario sobre cualquier árbol familiar terrenal. En el árbol del Calvario Jesús hizo un camino para que te unas a una nueva familia como hijo o hija perdonada del Rey. A través de Jesús ahora eres parte de la mejor familia de todas. Él te ha colocado en tu familia humana particular por una razón.

En el próximo capítulo veremos más de cerca cómo tu nueva y poderosa identidad como hijo de Dios te cambia y cómo puede transformar tu árbol genealógico terrenal con ese mismo poder milagroso.

Capítulo 6

Revertir la maldición

En los últimos años se ha hecho cada vez más popular entre la gente querer conocer su ascendencia. Saber de dónde vienen. Los avances tecnológicos lo hacen más accesible y asequible que nunca. Todo lo que hay que hacer es pagar a una empresa por sus servicios, y pronto, un kit de recogida llega a la puerta de tu casa. Recoges una porción de saliva y la envías de vuelta en el paquete adjunto. Y ya está. Unas semanas después, recibes acceso a tus datos que te dicen todo sobre tu gente, tu origen.

Sé que mucha gente ha recibido sus resultados, y es fascinante. La información desglosa tu origen por porcentaje y región del mundo. Por ejemplo, el tuyo puede decirte que tu origen es un 43 % de África oriental, un 23 % de Europa meridional, un 11 % de Europa occidental y un 2 % de nativos americanos. Por si fuera poco, suele haber un 1 % de «no identificados» en la mezcla. Y todo eso a partir de una gota de saliva.

Aún no me he sometido al proceso, pero si lo hago, espero que confirme que tengo importantes raíces italianas (sicilianas) y griegas. Con un nombre como Louie Giglio, ¿qué otra cosa se puede esperar?

Lo que quiero decir es que hay una creciente fascinación por el origen. ¿Quién soy? ¿De dónde vengo? ¿Cómo es realmente mi árbol genealógico? ¿Tengo ramas en Oriente Medio? ¿En Asia? ¿África?

He aquí un titular para ti: debido a que Cristo colgó abandonado por Dios, en ese árbol hecho cruz, estás invitado a formar parte de un árbol genealógico completamente nuevo. Sí. Todavía tienes que navegar por tu árbol genealógico terrenal, pero puedes nacer en una nueva familia por la fe en Jesús.

El regalo de un nuevo árbol genealógico

La descripción más adecuada de lo que significa ser salvo espiritualmente es la frase *nacer de nuevo*. Es cierto que era más frecuente oír esa frase de la gente que salía del Movimiento de Jesús en los años sesenta y de la predicación de Billy Graham. Y de las palabras del expresidente Jimmy Carter cuando introdujo la frase a la cultura en general en la década de 1970, anunciando al mundo que él era «un cristiano nacido de nuevo».

Sin embargo, el término *nacer de nuevo* no es simplemente un mantra de los líderes cristianos. Se trata de una enseñanza revolucionaria del propio Jesús. Cuando un líder religioso judío le preguntó cómo podía entrar en el reino de Dios, Jesús respondió: «Tienes que nacer de nuevo». Nicodemo, el hombre que le hizo la pregunta a Jesús, estaba desconcertado. «¿Cómo puede un hombre nacer siendo ya viejo? ¿Acaso puede entrar por segunda vez en el vientre de su madre y nacer?».

Sin duda, un segundo nacimiento físico era una idea descabellada. Pero Jesús estaba hablando del nacimiento espiritual.

Estaba señalando el problema del pecado (que nos hace espiritualmente muertos) y la esperanza abrazada por las buenas nuevas (que Jesús vino a dar vida espiritual). Por eso Jesús dijo «tienes que nacer por segunda vez». No nacer de la carne, sino del *Espíritu*.

No entramos en la familia de Dios por ser lo suficientemente buenos o por esforzarnos al máximo. Y no quedamos fuera de su familia porque hayamos sido malos o porque pensemos que no merecemos su amor. Dios es un Padre celestial que nos ha creado a cada uno de nosotros a su imagen y que nos amó lo suficiente como para darnos a su Hijo para que cada uno de nosotros pudiera nacer de nuevo a una vida nueva e interminable.

Gálatas 4:4-7 describe esta misma verdad impresionante. El resumen del pasaje es que Dios envió a su Hijo para redimir a las personas de un planeta Tierra quebrantado para que estas personas se convirtieran en sus hijos. Plenamente adoptados. Completamente nuevos. Enteramente vivos. Hijos e hijas plenos de un Padre bueno y perfecto.

A todo esto, hay un «pero». Debes recibir su regalo. Debes confesar que has fallado en cumplir lo que Dios demanda y aceptar el perdón que el Padre te ofrece a través de la cruz. Cuando lo haces, las Escrituras dicen que todo cambia. El Espíritu de Dios entra en tu vida y da vida a tu espíritu. Este nuevo nacimiento no te coloca simplemente en la lista de miembros de la iglesia o inclina la balanza de tus malas acciones un poco más hacia el lado bueno. Este nuevo nacimiento te injerta firmemente en el árbol genealógico de Dios como hijo o hija.

Deja que esto se asiente en tu alma.

Recuerda, Dios tiene la misión de restaurar los corazones de los padres hacia sus hijos y los corazones de los hijos hacia sus padres. Esta misión no comienza arreglando los problemas de tu árbol genealógico humano. El proceso comienza cuando Dios te coloca en una nueva familia, en una nueva relación con él.

Si tuvieras que dibujar tu árbol genealógico terrenal, ¿qué aspecto tendría? Para algunos de ustedes sería bastante sencillo. Dos parejas de abuelos, mamá y papá, yo y mis dos hermanas. Sí, algunos primos y tíos, muy sencillo. Pero otros quizá necesiten más papel para añadir padrastros, hermanastros o algunos abuelastros. Puede que no sepas qué hacer con los nombres de las personas con las que técnicamente sigues emparentado pero que ya no aparecen en escena. Puede que necesites una goma de borrar para corregir tus errores antes de resolverlo todo.

Tu árbol genealógico puede tener un aspecto precioso, con un tronco sólido y hojas sanas. O puede estar doblado por vientos tormentosos, con ramas agrietadas y hojas marchitas. Sea cual sea su aspecto, estás atado a él. Ese árbol genealógico terrenal no es negociable para ti.

Sin embargo, ahí no termina tu historia. Gracias a Cristo, puedes ser injertado en un árbol nuevo. Dios, el Padre celestial, te ha dado nueva vida a través de Dios Hijo por obra de Dios Espíritu. Un Dios trino —Padre, Hijo y Espíritu Santo— está a la cabeza de tu árbol, ¡y tú eres descendiente directo!

No eres un primo tercero que se ha colado a duras penas en el reino de Dios, con todo el mundo mirando a través del salón del cielo diciendo: «¿Quién es ese? ¿Cómo ha entrado? ¿Somos parientes?».

No, si has nacido de nuevo en Cristo, puedes tomar un hisopo de tu ADN espiritual y ver los resultados de la prueba a través del Espíritu Santo y la Palabra. Obtendrás resultados que te sorprenderán. Nos sumergiremos más en el nuevo tú en capítulos posteriores, pero basta con decir que la prueba de paternidad del cielo saldrá positiva. En Cristo, tu Padre celestial te ha dado vida, y eres suyo.

Así como él te dio la vida en tu nacimiento físico, Dios te concibió en el vientre de tu madre y te tejió según sus exactas especificaciones. Dios Padre te dio tu primer aliento espiritual cuando naciste de nuevo. Su nombre está en tu certificado de nacimiento espiritual. Y él promete ser tu Padre en cada paso del camino hasta que estés con él en el cielo. Qué privilegio tan asombroso ser llamado hijo del Rey.

Esta es una realidad que lo cambia todo. Incluso si hubo poca o ninguna bendición que haya descendido a ti a través de tu padre y tu árbol familiar terrenal, todavía tienes una mejor bendición: la del Padre celestial que llega a ti por medio de tu nuevo árbol familiar. En este mismo instante, estás bajo la catarata de la bendición del Padre Dios.

Mucho más grande que el Niágara

La catarata de la bendición paternal de Dios no es como una de esas finas cataratas en forma de cinta que se ven a un lado de la carretera mientras se conduce por las estribaciones. Se parece más a las cataratas del Niágara, o a las grandes cataratas Victoria, en la frontera entre Zambia y Zimbabue. Su amor es como un torrente, implacable e interminable, incondicional y puro, rugiendo suavemente su bendición sobre tu vida. Y su amor está derramándose ahora mismo sobre ti.

Si cierras los ojos por un momento, ¿puedes imaginártelo? ¿Puedes verte a ti mismo bajo un flujo constante de amor, sonriendo en la espuma de la bendición de un Padre perfecto? En Cristo, ahí es exactamente donde estás. He aquí algunos datos maravillosos sobre esta bendición:

- Siempre tendrás suficiente de su bendición. (2 Corintios 9:8)
- Nunca agotarás su amor. (Jeremías 31:3)
- Nunca agotarás por completo su bondad. (Salmos 23:6)
- Cada día te despertará su misericordia. (Lamentaciones 3:22-23)

Esta realidad, esta constante catarata de bendiciones, te llenará, te sanará y transformará tu corazón herido en un corazón nuevo. Y va a hacer algo más milagroso. Esta perfecta bendición del Padre te va a permitir revertir cualquier maldición que haya caído sobre ti.

Ya no vas a vivir de tal manera que se te defina como «olvidado». A partir de ahora se te llamará hijo amado, o hija amada. Ya no afrontarás la vida desde el déficit. Enfrentarás la vida con un sentido de suficiencia, sabiendo que tienes una abundante catarata sobre ti, la bendición llenándote constantemente con todo lo que necesitas.

Tu vida no será como una sucesión de «qué pasaría si» y «peros» y «si tan solo». Vas a saber que perteneces al Dios del universo y que nada puede frustrar su propósito y planes para tu vida. Vas a descubrir un nuevo poder en tu interior, el poder mismo del Espíritu de Dios. Y tus ojos van a ser abiertos para entender que el poder de Dios puede hacer la única cosa que

Esta bendición perfecta
del Padre te va a permitir

revertir cualquier maldición que haya caído sobre ti.

por ahora te parece imposible de hacer. De pie bajo esta maravillosa bendición, injertado en un nuevo árbol genealógico, vas a encontrar el poder para perdonar a tu padre terrenal por todo el daño, el mal y el dolor que trajo a tu vida.

Entiendo que este paso puede llevar algún tiempo. Sin embargo, no creo en el pensamiento de que no es posible que perdones a tu padre.

Estarás pensando: *Louie, yo estaba contigo hasta este punto, pero simplemente no entiendes por lo que he pasado. De ninguna manera voy a perdonar a mi padre después de lo que me hizo.*

Ese tipo de pensamiento refleja *tu viejo yo*, el que fue dejado atrás, magullado, ignorado, maltratado. Hay un *nuevo tú* en escena. Un tú amado y bendecido y aprobado y aceptado, un nuevo tú que tiene un nuevo nombre y árbol genealógico y un nuevo Espíritu dentro de ti.

Piénsalo así:

- Si Dios puede sobrepasar la tumba y resucitar de entre los muertos,
- Si él puede cancelar la deuda de pecado que tienes,
- Si él puede hacer la paz entre tú y un Dios santo,
- Si él tiene el poder de liberarte de la muerte y resucitarte a la vida eterna,
- Si él puede recrearte por el Espíritu y hacerte un hijo…

…entonces él ciertamente puede darte poder sobre tu pasado. Jesús puede ser en ti y a través de ti una fuerza rompedora de maldiciones para tu vida y para las generaciones que vengan después de ti.

Todo comienza con una palabra sobrenatural: *perdón.*

El poder del perdón

Ahí empieza tu nueva historia. Incluso Jesús lo dijo desde la cruz sobre los que le insultaban. Mirando a los mismos que le clavaron los clavos en las manos y los pies les dijo: «Padre, perdónalos, porque no saben lo que hacen» (Lucas 23:34). Y él te lo ha dicho, aunque cuando rechazaste su verdad e ignoraste su amor *sabías* lo que estabas haciendo. La trayectoria de tu eternidad empezó a cambiar desde el momento en que abriste la puerta a Dios diciéndote que te perdonaba. De la misma manera, cuando has recibido el perdón de Dios, tu sanidad llega a su plenitud cuando permites que Dios te ayude a reflejar su perdón a los que te rodean.

Pero, Louie, mi padre no merece ser perdonado. Mi padre nunca ha reconocido su error. A mi papá ni siquiera le importaría si yo quisiera perdonarlo. Es imposible. No veo que eso suceda: que yo lo perdone. Estoy dispuesto a seguir adelante, pero perdonar lo que me hizo, no creo que pueda hacerlo.

En primer lugar, es importante recalcar que cuando digo que perdones, no estoy sugiriendo que barras el pasado debajo de la alfombra. O que actúes como si el abuso, la traición o el abandono no hubieran ocurrido o que los excuses. De ninguna manera. El perdón no es un *pase libre* para la persona que te ha herido. Y el perdón no significa que no requieras límites en tu relación con tu padre terrenal en el futuro. El perdón al que te animo está arraigado en el amor y la justicia de Cristo.

Además, para que quede claro desde el principio, no te estoy animando a que sigas poniéndote en peligro ni a que te niegues a hacer brillar la luz de la responsabilidad cuando sea necesario, si ese es el caso. No, perdonar no es hacer la vista gorda ante el mal. Dios no hizo eso con nuestros errores. Él los cargó directamente sobre la vida inocente de su Hijo y castigó nuestra pecaminosidad con todo el peso de la ley. Cuando Dios ofrece el perdón, no está ignorando nuestros defectos y rebeldías. Dios está ofreciendo a un Hijo al que tuvo que dar la espalda en sus últimos momentos en la cruz y nos extendió una gracia que no merecíamos.

Perdonar a tu padre no es liberarle *de* las consecuencias de sus acciones, sino más bien entregarle *a Dios*, que ha dicho: «"Mía es la venganza [...]", dice el Señor» (Romanos 12:19). No liberas a tu padre *de algo*, sino que se lo entregas a *alguien*. Le dejas el papel de juez y jurado a Dios, que es justo y equitativo, sabiendo muy bien que tu Padre celestial hará justicia en el momento oportuno y de la manera adecuada.

La amargura sigue allanando el camino hacia tu pasado, mientras que el perdón allana el camino hacia tu futuro. Créeme, tu padre no se librará del anzuelo con Dios. No obstante, al extender el perdón, puedes librarte del resentimiento y la ira que han mantenido tu vida atascada en reversa.

Es posible que tu padre no quiera el perdón ni crea que lo necesita. Puede que rechace tus esfuerzos por hacer las paces y que nunca responda a tu ofrecimiento de gracia. Puede que nunca responda a tu llamada. Puede que nunca admita su error. Puede que incluso haya muerto y se haya ido. Sin embargo, el poder que el perdón puede traerte no ocurre cuando y si tu padre lo recibe. El poder del perdón rompe tus cadenas en el momento en que se lo ofreces.

Quizá sigas pensando: *¿Y por qué voy a querer hacer eso?*

Lo entiendo. Es un gran reto desprenderse de algo que has estado cargando durante mucho tiempo. Pero, en Cristo, Dios quiere que te mires a ti mismo de una manera completamente nueva. Dios quiere sacarte de ese estado mental en el que te ves a ti mismo con menos: ese es el tú que fue abandonado a su suerte mientras tu padre estaba ocupado siendo un adicto o un trabajólico o «tratando de encontrarse a sí mismo». Dios te invita a tener un nuevo par de ojos con una nueva visión de ti mismo tomando tu lugar en su mesa real. Ahora tienes la bendición de un Padre perfecto y la posición, y el perdón, y el poder del Espíritu que viene con ser suyo.

Tu vida ya no está dictada por lo que te hicieron. Tu vida se define por lo que Cristo ha hecho por ti. No eres una víctima, sino un hijo amado que comparte la victoria de Cristo. Ya no estás aplastado en el montón de cenizas, sino que has sido levantado con Jesús para sentarte con él en los lugares celestiales. Eres un hijo de Dios. Y eres libre para elevarte por encima del pasado y hacer por tu padre lo mismo que tu Padre celestial hizo por ti: perdonar.

El veneno de la falta de perdón

Al final puedes elegir no perdonar. Esa es tu decisión. Pero antes de tomar esa decisión, por favor considera lo que es la naturaleza engañosa de la falta de perdón. No perdonar nos da un falso sentido de control. Pensamos: *Mi padre me hizo todo esto y yo no tuve nada que ver. Pero ahora tengo el control y puedo decidir cómo quiero tratarlo.* Al aferrarnos a nuestro deseo de venganza, pensamos que tenemos la sartén por el mango.

Pero ¿es esto realmente cierto? ¿O es posible que el enemigo nos haya engañado con una forma de pensar errónea? Él quiere que pensemos que, al no perdonar, *tenemos* el poder. Sin embargo, cada vez que nos negamos a perdonar, seguimos dando poder al pasado. Piensa en ello: podrías estar atascado en el pasado con una raíz de amargura comiéndote un agujero en el alma mientras tu padre está de cacería en las montañas con sus amigos, ajeno al hecho de que hoy *no lo estás perdonando* otra vez. Ni siquiera busca la reconciliación.

Si nos negamos a extender el perdón a nuestros padres, esa acción no castiga a nuestros padres. Más bien, nos aprisiona. Nos ancla a lo negativo mientras que Dios quiere llevarnos a la plenitud de quién es nuestro Padre celestial y quién dice que somos en él. Es imposible experimentar plenamente todo lo que Dios tiene para nosotros mientras nos aferremos con los puños cerrados al pasado.

Así que te pregunto con delicadeza: ¿tu negativa a perdonar a tu padre te aporta más paz o más dolor? ¿Te ayuda a avanzar o siempre te hace retroceder al pasado? ¿La falta de voluntad para perdonar te ha llevado a la libertad que esperabas, o es inquietante para tu corazón?

Si las respuestas son todas negativas, entonces por favor entiende de que Dios desea «iluminar» los ojos de tu corazón como hablamos antes: la gran revelación de entender que eres un hijo amado de un Padre perfecto. Esta vista no es solo para ver a Dios como el Padre perfecto, sino para ver la cruz de Cristo y el poder resultante al que ahora puedes acceder a través del Espíritu dentro de ti. El pasaje que hemos mencionado dice lo siguiente:

«Mi oración es que los ojos de su corazón les sean iluminados, para que sepan cuál es la esperanza de Su llamamiento, cuáles son las riquezas de la gloria de Su herencia en los santos, *y cuál es la extraordinaria grandeza de Su poder para con nosotros los que creemos*, conforme a la eficacia de la fuerza de Su poder. Ese poder obró en Cristo cuando lo resucitó de entre los muertos y lo sentó a Su diestra en los lugares celestiales, muy por encima de todo principado, autoridad, poder, dominio y de todo nombre que se nombra, no solo en este siglo sino también en el venidero». (Efesios 1:18-21, énfasis añadido)

Dios quiere que veas que tienes verdadero poder a través de él. Poder para no aferrarte con fuerza al pasado, para resistir y no perdonar nunca. Es todo lo contrario: Dios te está dando el poder para soltar la ira y ofrecer a tu padre la gracia que no merece.

Perdonar no es tarea fácil y, a menudo, el camino aparentemente más fácil es intentar encerrar nuestra decepción y nuestra ira en un armario mientras jugamos a la XBox, vemos otra serie de televisión, navegamos por las redes sociales, nos dedicamos a criar a nuestros hijos, hacemos más ejercicio o invertimos toda nuestra energía en sobresalir en el trabajo. El proceso de perdonar a alguien que nos ha abandonado o nos ha hecho daño es a veces tan doloroso como el daño que sufrimos en primer lugar.

Pero esta sanidad vale la pena.

Arreglar cosas rotas

El sencillo apartamento en el que crecí tenía tres dormitorios y dos baños y estaba situado en un extenso complejo al lado de una transitada carretera de los suburbios de Atlanta. Cada edificio tenía cuatro unidades y, como he mencionado antes, nosotros vivíamos en el edificio veintinueve, en la unidad de abajo a la derecha. Una noche de verano, mis amigos y yo estábamos sentados en el capó de un automóvil antiguo estacionado al final del edificio contiguo. El automóvil estaba estacionado encima del muro de contención que se elevaba un metro por encima del suelo, y tenía un fino parachoques metálico que sobresalía como un arco. Apoyé los pies en el parachoques mientras nos sentábamos en el capó, y cuando mi padre abrió la puerta principal y dejó escapar su característico silbido, sabía que era hora de volver a casa.

Mi plan era deslizarme del capó, saltar con ambos pies del parachoques, saltar por los aires y aterrizar en el suelo. Por desgracia, mi pie derecho resbaló y mi pierna derecha se coló entre el parachoques y el automóvil. Pero era demasiado tarde para detener mi movimiento, y el resto de mí saltó por los aires. Lo que ocurrió después es difícil de recordar. Sonó un fuerte *crujido* e inmediatamente supe que algo iba mal.

Cuando aterricé en el suelo grité de dolor y me agarré la pierna derecha justo por debajo de la rodilla. Sabía que estaba mal y le pedí a un amigo que fuera corriendo a mi casa a buscar a mi madre. Mi madre no vino, pero la amiga volvió con un mensaje.

—Tu madre ha dicho que es mejor que vuelvas a casa ahora mismo. Si no, ¡vas a estar castigado!

—Ve a buscar a mi padre— le dije, sabiendo que llegaría en un santiamén. Unos minutos más tarde estaba en brazos de mi padre y me dirigía a la casa. Me sentó en el inodoro del cuarto de baño mientras mi madre examinaba la enorme abrasión de mi espinilla.

—Le pondré un poco de mercurocromo —me ofreció—, y lo vigilaremos.

—No, mamá, *me* duele mucho —insistí.

—Bueno, intenta ponerte de pie a ver si puedes apoyar tu peso —me dijo, mientras hablaba por el teléfono con cable con mi abuelastra, que trabajaba de enfermera en el hospital local. Mi grito fue aún más fuerte esta vez, ya que entre lágrimas le dije a mi madre que no podía ponerme de pie. Como último recurso, mi padre me subió al automóvil y nos dirigimos a urgencias del Hospital Piedmont, donde me hicieron una radiografía de la pierna. El médico de guardia era el Dr. James Funk, un reputado cirujano ortopédico de Atlanta en aquella época y médico de los equipos deportivos profesionales de Atlanta. Rápidamente evaluó el problema: mi espinilla se había partido en dos, unos dos centímetros por debajo de la rótula.

Por su expresión, estaba claro que el Dr. Funk tenía un plan en mente.

Pobre papá. No le gustaba vernos sufrir ni a mí ni a mi hermana. De hecho, creo que estaba fumando un cigarrillo en un rincón de la sala de examinación (después de todo, estábamos en los años sesenta). El Dr. Funk anunció que tendría que enyesarme la pierna. A los pocos minutos apareció una enfermera con una aguja lo bastante larga como para hacer punto. Procedió a clavármela en la espinilla mientras otra enfermera me sujetaba. Vaya si grité. Papá resopló con más fuerza.

Una vez entumecida la pierna, una de las enfermeras me agarró por la cintura mientras el Dr. Funk me colocaba el hueso de la pierna en su sitio. ¡Hombre! Eso dolió más que la aguja. Grité aún más fuerte.

A estas alturas ya había olvidado el crujido inicial que oí cuando me caí de la parte delantera del automóvil. El trauma de intentar levantarme en el baño por mi madre era un recuerdo

lejano. El dolor que sentía ahora era de otro nivel. Satisfecho de haber enderezado el hueso, el Dr. Funk se volvió hacia mi padre y le dijo: «Estará bien dentro de unas semanas. Le pondremos un yeso y volverá a correr a finales de verano. Ah, y por favor, aquí no se puede fumar».

El yeso me llegaba desde la cadera hasta los dedos de los pies. Creo que pesaba más que yo. Tenía un tope de goma debajo del pie para poder andar, pero tenía que girar la pierna hacia un lado a cada paso. Un yeso de la cadera a los pies con una temperatura de 45 grados. ¡Qué verano tan divertido!

Con el tiempo, la pierna se sanó. Cuando me quitaron el yeso en el consultorio del Dr. Funk, mi pierna se había arrugado hasta tener el tamaño de un palo de escoba. Cuando caminaba, giraba la pierna hacia la derecha, como había hecho con la goma durante las doce semanas que estuve enyesado.

Poco a poco recuperé la fuerza en la pierna. En pocos meses recuperé la confianza para caminar y correr. Al verano siguiente me movía tan rápido como siempre.

Reparar los errores y perdonar las heridas es un proceso parecido: no ocurre sin dolor, pero vale la pena. Arreglar las cosas rotas nunca es fácil. Sin embargo, a través de Cristo, Dios ha puesto tu vida en paz con él, y te está dando el poder de ser un pacificador con los que te rodean, incluido tu padre.

Y hay algo más. Una vez que Dios te ayuda a perdonar, puedes darle la vuelta al guion y bendecir al padre que nunca te bendijo. Comienza por recibir, por pararte humildemente bajo una catarata de bendiciones que no ganaste y que nunca podrás perder. Pronto verás a tu padre bajo una nueva luz. Una vez más, no estás excusando el pasado, pero lo estás viendo como un hijo, tal vez un hijo roto que nunca ha conocido la bendición que todos anhelamos. Algunos de ustedes pueden verlo. Conocen al padre de su padre y saben qué clase de mundo tuvo que soportar su padre mientras crecía. Han visto los vacíos y han escuchado las palabras punzantes. Quizá el abuelo fue el antagonista, o estuvo ausente, o fue abusivo.

Con esta nueva vista y bendición, tienes una mayor capacidad para entender a tu padre. Tal vez tu padre no pasó la bendición por el árbol porque no tenía ni idea de cómo hacerlo. O tal vez, cuando arremetió contra ti, estaba tratando de superar todos los golpes que le habían infligido. Tu trabajo no es psicoanalizar ni aconsejar, ni siquiera enfrentarte a todos los demonios que pueda haber en el pasado de tu padre. Tu papel es verle como un ser humano que necesita desesperadamente la bendición de un padre y reconocer que tú puedes *ofrecerle* la bendición que nunca ha conocido.

Como nos animan las Escrituras, nuestro nuevo estilo de vida debe ser: «Bendigan a los que los persiguen. Bendigan, y no maldigan» (Romanos 12:14). ¿Cómo hacemos el cambio y respondemos de esta manera? Empezamos pidiendo a Dios que nos ayude a acercarnos a los demás con compasión, y nos inspiramos constantemente en la forma en que Dios nos respondió en la cruz.

Décadas después, me senté con mi padre en el mismo hospital donde el Dr. Funk me había curado la pierna rota. Allí fue donde papá me dijo que nunca le habían querido; que nadie le había querido nunca; y que Dios tampoco le quería a él. Aquel día vi a mi padre como nunca antes lo había visto. Aunque mi padre tenía más de sesenta años, vi a un niño pequeño de pie en el umbral de una puerta que veía cómo desaparecían de su vista las personas con las que más contaba. Estoy seguro de que otros se cuidaron de no utilizar la palabra *abandonado* cuando intentaron explicar por qué su madre y su padre no estaban, pero ¿importaba? Cuando te han abandonado no necesitas que la gente te diga lo que ya sabes.

Mientras yo aprendía a vivir bajo la catarata celestial de la bendición de un Padre perfecto, mi padre se había pasado la vida buscando una gota de agua en un páramo de abandono. Yo había llegado a comprender y disfrutar el hecho de que Dios me amaba con los brazos extendidos. Pero mi padre solo conocía lo contrario, el sonido de pasos que se alejaban de él. Le habían dejado atrás y sentía que no podía hacer nada al respecto.

Cuando comprendí esto de mi padre, todo cambió para mí. Me di cuenta de que tenía suficiente bendición para los dos. Comprendí que era mi privilegio enviar la bendición a nuestro árbol genealógico terrenal. Empecé a decirle a mi padre lo mucho que le quería, lo increíble que era para mi hermana y para mí. Le decía cuánto le admiraba y cómo, aunque no hubiéramos compartido el terreno común de la fe —la parte más importante de mi vida—, compartíamos la misma sangre, los mismos amores, el mismo sentido del humor y el mismo nombre. Quería tanto a Louie Giglio n.º 2, y quería que me oyera decirlo: «Papá, eres increíble. Te quiero».

Unos años más tarde, un infarto nos arrebató a mi padre. Cuando mi hermana me llamó para decírmelo, fue el dolor más aplastante que he sentido. Lloré durante semanas, abrumado por el recuerdo de todo el dolor por el que habíamos pasado. No iba a haber un bonito desenlace al final de nuestra historia. Solo había dolor, pérdida y muerte.

No sé cuánta de la bendición que mi familia y yo pudimos pronunciar sobre mi padre fue realmente procesada, recibida y creída. Pero siempre estaré agradecido por la forma en que su discapacidad me permitió verle bajo una luz totalmente nueva. Estoy muy agradecido por haber tenido la oportunidad de perdonar (aunque en realidad nunca le guardé mucho rencor) y de bendecirle. Cuando murió mi padre, no estaba enfadado con él. Más bien sentí pena por todo el dolor por el que había pasado. Y deseé haberle bendecido más de lo que lo hice cuando estaba vivo. Pero hablé lo suficiente para que él supiera cuánto lo amaba y cuánto lo amaba Dios también.

Un nuevo árbol florece

Estoy convencido de que, una vez en el cielo, nunca nos arrepentiremos de haber dejado atrás los errores y de haber perdonado a los demás de la misma manera que nuestro Padre nos ha perdonado. Solo nos arrepentiremos de la amargura que albergamos y de la ira a la que nos aferramos mientras estuvimos en la tierra. Cuando veamos a Jesús resucitado, con las cicatrices aun marcando sus muñecas y su costado, desearemos haber confiado más en él para que nos diera el poder de cambiar la marea del odio y la pérdida y ocupar nuestro lugar como agentes de un reino mejor. Cuando veamos el poderoso trono de Dios y comprendamos plenamente que toda justicia descansa en sus manos, desearemos haber extendido más ramas de olivo de paz a quienes nos rodean.

Por ahora simplemente te animo a estacionarte bajo la catarata de una bendición mejor. Recuerda desde el principio que es una bendición que no has ganado ni merecido. Es la bendición de un Padre perfecto con un amor extravagante, un Padre que nunca te ha perdido de vista y que nunca te dejará ir. Es un Abba perfecto que no te dejará impotente, sino que te hará poderoso, lo suficientemente poderoso como para extender a otros la bendición que él te está extendiendo a ti.

Al concluir este capítulo, te invito a que vuelvas a esa imagen de tu árbol genealógico terrenal. Puede que sea el árbol genealógico más impresionante de todos los tiempos. O puede que tu árbol genealógico no sea tan sólido. Puede que las hojas sean escasas y estén descoloridas. Las manzanas están agusanadas y algunas podridas. Las ramas están agrietadas y rotas y hay muchas heridas en tu árbol genealógico. Esto es lo que quiero que hagas:

Deja tu árbol genealógico terrenal exactamente donde está en tu mente. Claro que siempre formará parte de tu vida. Hasta cierto punto, siempre estarás trabajando en tu árbol genealógico, averiguando lo que te ha sido transmitido, clasificando lo que es útil y lo que es perjudicial.

Pero ahora, superpone otro árbol genealógico a tu árbol genealógico terrenal. Un nuevo árbol genealógico, un árbol genealógico celestial. Colócalo justo encima del viejo árbol terrenal. Este es el regalo que Dios nos ofrece. Este árbol genealógico tiene ramas firmes y un tronco seguro. Te invito a que superpongas una imagen nueva y fresca justo encima de la vieja. Este nuevo árbol tiene dos componentes principales, con una línea recta que los une:

1. Dios, tu Padre celestial
2. y tú, hijo de Dios

En este nuevo árbol genealógico, siempre se te ama, siempre se te acepta, siempre se te apoya, siempre se espera de ti, siempre se te defiende, siempre se te cuida. En este nuevo árbol genealógico, tu perfecto Padre Dios dice algo parecido a esto: «*Yo soy quien te tejió en el vientre de tu madre. Yo soy quien orquesta tu camino. Yo soy quien te compró a un gran precio. Yo soy quien te ha redimido. Yo soy quien te llama por tu nombre. Tú eres la niña de mis ojos. Yo soy el que cumple todas mis promesas contigo. Yo soy el que nunca te deja ni te abandona. Y soy Yo quien te ama con amor eterno*».

Te animo a que mantengas siempre la mirada en este nuevo árbol genealógico. Con este nuevo árbol genealógico en mente, puedes saber profundamente que eres el hijo amado de un Padre perfecto. Eres elegido, no rechazado, y eres el beneficiario de una bendición que es tuya cada día por el resto de tu vida. Una bendición, como descubriremos en el próximo capítulo, que puedes alcanzar y tomar ahora mismo.

Capítulo 7

Descubrir al Padre perfecto

Un buen amigo mío fue director deportivo de la Universidad de Auburn. La primera vez que nos invitó a Shelley y a mí a un partido de fútbol, nos recibió su ayudante, nos dio credenciales para el partido, con acceso al campo antes del partido, y finalmente nos acompañó a su palco para ver el partido.

Nuestras credenciales nos permitieron acceder a ascensores y pasar controles de seguridad a los que no podía acceder la mayoría de los aficionados asistentes.

Aunque la credencial tenía poderes impresionantes, me di cuenta de que cuando paseaba por el estadio con mi amigo, nadie se molestaba en comprobar si llevaba la credencial correcta o no. Simplemente reconocían al jefe y me sonreían porque iba con él.

Con el tiempo, he aprendido que no es la insignia lo que te da verdadera credibilidad y acceso en situaciones como esta. En cambio, es tu proximidad a alguien que realmente está a cargo de ese mundo lo que te da la bendición.

¿Por qué te digo esto? Porque es posible que pienses que la bendición de la que hemos estado hablando en estas páginas es una *cosa*, como una credencial que te pones al cuello o una tarjeta VIP que guardas en la cartera. *Miren todos, tengo la bendición de Dios. Puedo ir a cualquier parte de su reino.*

Si bien es cierto que Dios nos confiere beneficios cuando llegamos a conocerlo (como la gracia y la paz y el perdón y el poder), es importante ver que todo lo que hemos recibido está envuelto en un *alguien*. La bendición no es una cosa. La bendición es una *persona*. Dios es la bendición, nuestro Padre perfecto.

La bendición que Dios quiere que descubras no es simplemente algo que él te da, es él mismo. Sí, él suplirá todo lo que necesites, pero quiere que descubras que todo lo que necesitas se encuentra *en él*. Para que puedas vivir verdaderamente esta realidad, necesitas saber quién es el Padre perfecto. ¿Lo conoces?

El corazón del amor

La Biblia nos dice que Dios, en su esencia, es amor. El Padre perfecto es amoroso, y cuando el Padre actúa, siempre lo hace desde este corazón de amor.

Es una buena noticia para nosotros, porque en el corazón de toda la humanidad está nuestra necesidad de ser amados. Tal vez te resulte difícil comprenderlo, porque tu padre terrenal no podía sacarse de la boca las palabras *te quiero*. Tenías tantas ganas de oír esas palabras que, para sobrellevarlo, te conformaste con pensar: *Mi padre no es de los que me dicen que me quieren, sino de los que me lo demuestran.*

Pero no queremos conformarnos con un padre que diga: «Sabes que te quiero y no hace falta que lo diga». Realmente necesitamos oírlo. Queremos oír esas palabras no solo en ocasiones monumentales, sino con regularidad, con constancia, tanto en los buenos como en los malos momentos. Queremos oír esas palabras por mensaje de texto, correo electrónico, llamada telefónica, carta, tarjeta de cumpleaños o cara a cara alrededor de la mesa. No queremos palabras vacías sin hechos; queremos oírle decir «te quiero» y también demostrarlo. Y en todo este deseo, queremos saber que algo de nosotros llega al corazón de nuestro padre, que hay una emoción positiva en su interior cuando piensa en nosotros.

Todos los que procesamos juntos las grandes ideas de este libro experimentamos, sin duda, toda una gama de pensamientos y emociones sobre el hecho de ser amados. Algunos llevamos nadando en el océano del amor de un padre desde que tenemos uso de razón. Otros, literalmente, nunca hemos oído las palabras «te quiero, hijo» o «te quiero, pequeña» salir de la boca de nuestro padre. Algunos solo han oído lo contrario: «Te odio; ojalá no hubieras nacido». La mayoría de nosotros tenemos una mezcla de cosas buenas y no tan buenas. Y todos tenemos esto en común: ninguno de los amores de nuestros padres terrenales ha sido perfecto. Sin embargo, nuestra necesidad de ser amados, apreciados, valorados y deseados está en el epicentro de nuestros corazones.

Nuestra nueva historia con nuestro Padre celestial es una historia llena de amor de principio a fin. Comenzó con tu concepción, en el momento en que Dios te diseñó, y el pináculo de la historia es el lugar donde Jesús murió. Ese momento se resume poderosa y bellamente así: «Porque de tal manera amó Dios al mundo, que dio a Su Hijo unigénito, para que todo aquel que cree en Él, no se pierda, sino que tenga vida eterna» (Juan 3:16).

Dentro de esta maravillosa declaración de amor hay una pequeña palabra, un pequeño descriptor extraordinariamente potente. ¿Conoces la palabra?

De *taaaal* manera amó...

El texto podría decir «Dios amó al mundo». Sin embargo, se le añade esta pequeña palabra «tal», una palabra tan pequeña que casi se pasa por alto en el texto. Pero no podemos pasarla por alto, porque sus ramificaciones para nosotros son enormes. Tenemos que acampar en «la tierra de tal» y empaparnos de las implicaciones de por qué un gran Dios querría añadir una palabra tan pequeña a una de las proclamaciones más definitivas de su amor en toda la Biblia. Es porque está tratando de llegar a nosotros. No solo nos amó. Nos amó de *tal* manera. Y ese pequeño descriptor tiene un gran impacto.

Este amor suyo que le obligó a escribir la historia en torno a la cruz de su Hijo no era un amor superficial, un amor obligatorio que él debía ofrecer por contrato. No, es un amor enfático. Dios te amó de *taaaal* manera que dio a su Hijo unigénito. Él verdaderamente te valoró hasta el punto de que dio el último regalo para que pudieras ser sostenido en sus santos brazos.

El amor de Dios no es indefinido ni general. Su amor por ti es un amor intenso, específicamente aplicado.

Estarás pensando: *Louie, si conocieras mi vida, por lo que he pasado, las cosas que me han hecho, entenderías por qué no puedo ver cómo Dios me ama. Si Dios me ama, ¿por qué me han sucedido tantas cosas terribles?*

Una cosa que espero que sepas a estas alturas es que este libro no es mi intento de dar una respuesta simplista, superficial, «religiosa» o trillada a cosas con las que has luchado toda tu vida. Pero sí quiero ofrecerte la realidad de la cruz. *Hombre*, podrías decir, ¡*has hablado mucho de la cruz!* Sí, tengo que hacerlo. Porque la cruz es real. Las seis horas en el lapso de la historia en que Jesús colgó de la cruz dicen más de ti que todo el resto de las horas de la historia juntas. Y sin duda, la cruz dice que Dios te ama de *tal* manera.

Cuando Shelley y yo empezamos a salir vivíamos a poco más de una hora de distancia. Ella estudiaba en la Universidad de Baylor, en Waco (Texas), y yo, en Fort Worth. Una noche, mientras estudiaba en la biblioteca, se me ocurrió la loca idea de hacer un viaje rápido a Waco y darle una sorpresa.

La verdad es que no tenía previsto hacer un viaje por carretera esa noche, y al día siguiente tenía clase temprano. Pero mis emociones se impusieron a mi buen juicio y en un abrir y cerrar de ojos estaba estacionado frente a su dormitorio. Había parado en una gasolinera cercana y había comprado dos latas de un refresco que nos encantaba, y tenía un plan. No se había inventado el teléfono móvil, así que le pedí a la amable mujer que estaba detrás de la ventanilla del mostrador que llamara a la habitación de Shelley para decirle que tenía visita y que bajara al vestíbulo. Dejé las latas a la vista (si te lo preguntas, era Hawaiian Punch) y me escabullí por la esquina. Shelley bajó y vio las latas, lo que le avisó de que yo estaba cerca. Aparecí, y nos reímos y abrazamos (y sin duda nos besamos) mientras nos sentábamos codo con codo en los escalones de fuera. Pero al cabo de unos veinte minutos, nuestro momento de unión se acabó. Yo tenía que irme porque esa noche tenía que estudiar más y ella tenía un examen a la mañana siguiente.

Mientras me alejaba, tuve un último pensamiento. La visita improvisada había sido un éxito, pero ¿cómo iba a dejar atrás otro *te quiero*? Con menos de veinte dólares en el bolsillo, mis opciones eran limitadas, y además eran más de las once de la noche. Con mis limitados fondos conseguí un trozo de cartulina del supermercado, dos rotuladores, unos clavos y una caja de ese plástico elástico que se usa para guardar la comida en la heladera. Volví a una galería cubierta entre dos edificios del campus y me puse manos a la obra.

Una hora más tarde, mi póster «Yo te (un corazón dibujado)», estaba terminado y envuelto para protegerlo de la llovizna que se avecinaba. Sabía que la ventana del segundo piso de Shelley daba al patio en medio de su residencia en forma de cuadrilátero. Entré en el patio y clavé el cartel en el gran roble del centro, asegurándome de que diera a su habitación. Y oré: «Por favor, Dios, no dejes que se caiga durante la noche».

A primera hora de la mañana siguiente llamé a su habitación. Tras un saludo aturdido, por fin entendió lo que le decía: «¡¡¡Mira por la ventana!!!».

Clic. Colgué y esperé. Sabía que solo tenía que girarse y asomarse por la persiana.

¿Seguirá estando allí el cartel?, me preguntaba.

Unos segundos después, sonó mi teléfono.

«Aaayyyyy», dijo ella. «Yo también te quiero».

¡Ya me expliqué! Que lo sepan todos los demás chicos que querían salir con ella: me encanta esta chica, ¡y está tomada! Colgaré un cartel gigante en público para demostrarlo.

No les cuento esta historia para quedar bien. Shelley añadiría que esto fue hace bastante más de treinta años, y podría preguntar: «¿Qué has hecho últimamente?».

Te cuento esta historia para ayudarte a pintar un cuadro de algo impresionante que Dios hizo por ti. De hecho, si miras ahora mismo, ¡puedes ver la cruz desde dondequiera que estés!

No tienes que subir a una vista sagrada, resolver todos tus problemas, ni estar en el lugar perfecto. No importa dónde estés, no importa cuán oscuro, solitario, horrible, pecador, roto o bajo seas, si miras, puedes ver la cruz desde donde estés. Puedes ver el *te quiero mucho* de Dios colgado públicamente. Su amor fue calculado, bien pensado, extravagante y costoso.

No podías ganártelo. No lo merecías. Sin embargo, eso no impidió que el Dios que te amó *taaaal* manera diera lo mejor de sí para que pudieras nacer de nuevo como hija o hijo del Rey.

Todo el mundo tiene una historia de Billy Graham, y ninguna es quizá más conmovedora que la que contó su hija Ruth en su memorial en 2018, una historia que muestra la esencia del amor de un padre.

Dijo:

Después de veintiún años, mi matrimonio acabó en divorcio. Estaba destrozada. Me hundí. Hice muchas cosas mal. Me quitaron la alfombra de debajo de los pies.

Mi familia pensó que sería buena idea que me fuera, para empezar de cero en otro lugar. Así que decidí vivir cerca de mi hermana mayor y su familia y de una buena iglesia.

El pastor de aquella iglesia me presentó a un apuesto viudo, y empezamos a salir rápida y furiosamente. A mis hijos no les gustaba, pero pensé que ya eran casi mayores. No sabían... no podían decirme qué hacer. Yo sabía lo que era mejor para mi vida.

Mi madre me llamó desde Seattle. Mi padre me llamó desde Tokio. Me dijeron: «Cariño, ¿por qué no vas más despacio? Esperemos a conocer a este hombre». Nunca habían sido padres solteros. Nunca se habían divorciado. ¿Qué sabían ellos?

Así que, siendo terca, obstinada y pecadora, me casé con un hombre —*este* hombre— en Nochevieja, y en veinticuatro horas supe que había cometido un terrible error.

Al cabo de cinco semanas hui. Le tenía miedo. ¿Qué iba a hacer?

Quería ir a hablar con mi madre y mi padre. Eran dos días de viaje. Las preguntas se amontonaban en mi mente. ¿Qué iba a decirle a papá? ¿Qué le iba a decir a mi madre? ¿Qué iba a decirles a mis hijos?

Había sido un fracaso. ¿Qué me iban a decir? «Estamos cansados de tu insensatez. Te dijimos que no lo hicieras. Nos has hecho pasar vergüenza».

Déjenme decirles. Las mujeres entenderán. No quieres avergonzar a tu padre. En verdad uno no quiere avergonzar a Billy Graham. Y muchos de ustedes saben que vivimos en la ladera de una montaña, y mientras subía la montaña, doblé la última curva en el camino a la entrada de automóviles de mi padre, y mi padre estaba allí, de pie, esperándome.

Cuando salí del automóvil, me rodeó con sus brazos y me dijo: «Bienvenida a casa».

No había vergüenza. No había culpa. No había condena, solo amor incondicional, y sabes, mi padre no era Dios, pero ese día me mostró cómo era Dios.

Cuando acudimos a Dios con nuestro pecado, nuestro quebrantamiento, nuestro fracaso, nuestro dolor y nuestra herida, Dios nos dice: «Bienvenido a casa», y esa invitación está abierta para ti.[9]

Motivo de celebración

La experiencia de Ruth Graham recuerda la historia que contó Jesús de un padre con dos hijos. El hijo menor, que se sentía lleno de sí mismo y dispuesto a liberarse y ver el mundo, pidió su parte de la herencia antes de tiempo. Sorprendentemente, su padre se lo concedió. De la noche a la mañana, el chico contó el dinero, dejó su puesto en la finca de su padre y se marchó a la distancia con sueños de fiestas salvajes e independencia total.

Según cuenta la historia, el dinero se acabó, los amigos desaparecieron y una hambruna imprevista asoló la tierra. Un hijo abatido y desmoralizado tocó fondo y se volvió a casa.

El giro chocante de la historia se produce cuando el padre no condena al hijo, sino que sale corriendo a su encuentro con los brazos abiertos y la promesa de una fiesta de bienvenida. El abrazo del padre y la lujosa fiesta de bienvenida dejan estupefacta a la comunidad y hacen que el hermano mayor se enfade.

«Nunca me has organizado una fiesta con mis amigos», replicó cuando el padre le invitó a la fiesta. «Pero este chico insultante, mujeriego y vergonzoso arrastra el nombre de nuestra familia por el fango y se lleva una celebración con baile toda la noche».

A primera vista, su reacción tiene todo el sentido del mundo. A través de la lente del mensaje de las buenas nuevas de Jesús vemos las cosas de otra manera. La fiesta era una imagen de la celebración del nacimiento espiritual que ya hemos desgranado en capítulos anteriores. El padre no dijo que la celebración era porque el hijo «mejoró». Dijo que su hijo «estaba *muerto* y ha vuelto a *la vida*; estaba perdido y ha sido hallado» (Lucas 15:32, énfasis añadido).

El cielo celebra cuando un pecador se vuelve a casa, no cuando los religiosos se esfuerzan más por limpiar sus vidas para Dios.

Pero ¿qué le pasaba al hermano mayor? ¿Cuál era su problema? Bueno, no es que fuera perezoso en el trabajo. Trabajaba duro todos los días. No es que no se esforzara. Era de lo más recto. Su problema, como el padre trató de hacerle ver, era que su forma de pensar sobre su identidad era confusa.

Pensaba que era amado *porque iba* a trabajar todos los días y era un obrero de confianza. No se dio cuenta de que era amado simplemente por ser hijo del Padre. «Hijo mío», le dijo el padre, «tú siempre has estado conmigo, y todo lo mío es tuyo» (Lucas 15:31). El hermano mayor trabajaba para conseguir algo que ya tenía. Trabajaba con la identidad de un esclavo, mientras que el padre lo veía como un hijo.

Muchas personas ven a Dios de esta manera. Piensan que, si se esfuerzan mucho, podrán ganarse su gracia. Pero considera esto: la gente muerta nunca puede hacer nada para mejorar su posición. Y sin Cristo, la gente está espiritualmente muerta.

Lo bonito de esta historia que nos cuenta Jesús no es solo que el hijo menor volviera (aunque dar media vuelta y dejar atrás una vida de elecciones imprudentes es un paso necesario para acercarse a Dios), sino que el padre le estuvo vigilando y esperando todo el tiempo. El padre lo acogió en su casa porque lo amaba, no porque necesitara otro jornalero en la finca.

Y por eso Dios te persigue hoy. No quiere sermonearte. Quiere decirte que te ama.

Cosas fuertes

¿Cómo te ama el Padre perfecto? Echa un vistazo a estos versículos:

- Dios demuestra su amor por ti en que mientras aún eras pecador, Cristo murió por ti. (Romanos 5:8)
- Nada puede separarte del amor de Dios. Absolutamente nada. (Romanos 8:37-39)
- El amor de Dios por ti es tan grande que supera el conocimiento humano. El amor de Cristo es extraordinariamente ancho, largo, alto y profundo. (Efesios 3:17-19)
- Dios te ama tanto que ha grabado tu nombre en las palmas de sus manos. Nunca se olvida de ti. (Isaías 49:15-16)
- Él es bueno y bondadoso. «El Señor tu Dios está en medio de ti, guerrero victorioso; se gozará en ti con alegría, en Su amor guardará silencio, se regocijará por ti con cantos de júbilo». (Sofonías 3:17)

¿Puedes verlo? El Padre celestial está loco por ti y dispuesto a hacer público su amor.

Sin embargo, todo ese amor es en vano si no lo recibimos y vivimos en él. El eco de su gran amor es que podemos decir: «Y nosotros hemos llegado a conocer y hemos creído el amor que Dios tiene para nosotros» (1 Juan 4:16).

Hay una cosa más sobre el amor de nuestro Padre celestial que es esencial entender y apreciar. El amor de Dios es un *amor duro*. Es sumamente tierno, pero no se deja manipular. Él no se va a hacer a un lado y dejar que sus hijos se salgan con la suya con cualquier cosa que decidan. Él te ama lo suficiente como para hablarte con severidad cuando es apropiado, para decirte siempre la verdad, y para disciplinarte cuando tus decisiones te están llevando al naufragio. Su motivo siempre será el amor puro, pero Dios hará todo lo posible para asegurar lo mejor para ti, incluso decir no a algo que él sabe que es menos que lo mejor. Dios lo dio todo para amarte, y más que ser amoroso contigo, tu Padre perfecto es amor. (Lee todo el libro de 1 Juan).

Pero ¿cómo sé que él no me hará daño?, preguntarás. Porque él te está alcanzando con manos que han sido traspasadas por ti. Él es el que fue destrozado en la cruz para poder ofrecerte un amor indestructible, un amor que será tuyo de aquí a la eternidad.

Dios te está mostrando el gran lugar que ocupas en su corazón. Todo amor terrenal se va a quedar corto en algún momento. Sin embargo, hay un amor que es a prueba de balas y seguro, escandaloso y atrayente, personal y poderoso. Es el que nunca se cansará de decirte: «¡Te amo!».

La cima de la bondad

El Padre perfecto es bueno. Esta es una verdad fundamental.

Una noche, Shelley y yo estábamos preparando ensalada de tacos para cenar, pero había un problema: no teníamos guacamole. Pronto me encontré en la tienda de comestibles más cercana intentando averiguar cómo elegir los aguacates adecuados para completar nuestra comida. Admito que hay que ser mejor hombre que yo para elegir un aguacate listo para comer, ni demasiado duro ni demasiado blando. Estaba bastante seguro con los cuatro que metí en mi bolsa de la compra cuando salí y me dirigí a casa.

Cuando cortamos el primer aguacate por la mitad para dejar al descubierto su hueso redondo y grande, todo estaba verde grisáceo y blando por dentro. El hueso se desparramó sobre la encimera de la cocina. Qué asco. No importa, teníamos tres más que tenían buena pinta. Cortamos el segundo y estaba peor: podrido y putrefacto. De alguna manera, a pesar de todos mis esfuerzos de investigación, me las había arreglado para llegar a casa con cuatro aguacates inservibles. Aunque por fuera tenían un aspecto fantástico, estos aguacates no eran buenos.

Una fachada falsa es sin duda un fastidio cuando se trata de frutas y verduras, pero puede ser devastador cuando se trata de alguien en quien confías y a quien quieres.

Ten la seguridad de que Dios, tu Padre perfecto, no solo te ama con un amor que parece bueno desde lejos. De principio a fin, tu Padre perfecto *es* bueno. No importa cómo lo dividas y examines, siempre vas a encontrar que su amor es el mismo. Tu Padre celestial es un Padre bueno, perfecto en todo tiempo.

¿Cómo podemos saber que él es bueno? Para empezar, podemos acercarnos y examinar su carácter y experimentar realmente su bondad. El salmista nos anima: «Prueben y vean que el Señor es bueno; ¡qué alegría para los que se refugian en él!» (Salmos 34:8, ntv). ¡Qué invitación! Dios no tiene miedo de invitarte a una inspección de cerca. De hecho, quiere que estés cerca de él. En otro lugar, el salmista habló de lo mucho mejor que es estar en la casa de Dios que en cualquier otro lugar del mundo. Proclamó:

¡Qué bella es tu morada,
oh Señor de los Ejércitos Celestiales!
Anhelo y hasta desfallezco de deseo

por entrar en los atrios del Señor.
Con todo mi ser, mi cuerpo y mi alma,
    gritaré con alegría al Dios viviente.
Hasta el gorrión encuentra un hogar
    y la golondrina construye su nido y cría a sus polluelos
cerca de tu altar,
    ¡oh Señor de los ejércitos celestiales, mi Rey y mi Dios!».
    (Salmos 84:1-3, ntv)

El altar de Dios es sagrado, rodeado de asombro y maravilla. Sin embargo, incluso en ese lugar sagrado encontrarás una alfombra de bienvenida para todos los que buscan un hogar, para todos los que buscan estar cerca de su Creador. Incluso la golondrina puede construir su nido allí, «cerca de tu altar, oh Señor de los Ejércitos Celestiales». Si un pajarito puede acercarse a él, sabes que es allí donde Dios quiere que estén sus hijos e hijas. Los quiere a su lado.

Dios nos invita a *probar y ver*. Dios quiere que experimentemos su amor. Él quiere que muerdas una buena porción de su carácter por medio de las páginas de su Palabra y de la persona de Cristo. Quiere que mastiques sus atributos, que medites en quién él es. No quiere que lo reduzcas a información que lees en una página. Dios quiere que levantes la vista de las páginas de las Escrituras con los ojos de tu corazón y te des cuenta de que él está ahí contigo.

Decir que Dios es bueno habla de sus motivos, de su intención, aunque no todo en la vida es bueno. De hecho, el mundo está muy roto. En un mundo lleno de males, tu Padre sigue siendo bueno. A medida que nos acercamos a él y nos damos cuenta de que lo que hay en el interior coincide con la promesa que oímos a distancia, llegamos a la misma conclusión que el salmista:

Porque mejor es un día en Tus atrios que mil *fuera de ellos*.
Prefiero estar en el umbral de la casa de mi Dios
Que morar en las tiendas de impiedad.
Porque sol y escudo es el Señor Dios;
Gracia y gloria da el Señor;
Nada bueno niega a los que andan en integridad.
Oh Señor de los ejércitos,
¡Cuán bienaventurado es el hombre que en ti confía!».
(Salmos 84:10-12)

Otra forma de saber que Dios es bueno es echando un vistazo a su currículum. No es que haya existido solo una o dos décadas. Nuestra muestra de su vida y motivos no es pequeña. Dios existe desde siempre.

Tal vez a corto plazo, como esta semana o este año, no estemos seguros de que todo lo que ocurre a nuestro alrededor sea un himno del hecho de que Dios es bueno. A veces simplemente no podemos verlo. No lo entendemos. Sin embargo, tenemos una rica historia de la actividad de Dios conservada en las páginas de las Escrituras, y podemos mirar atrás a través de los siglos y ver la bondad de su amor.

Poder de permanencia

Piensa por un momento que todo lo bello en la vida tiene fecha de caducidad, un momento en el que incluso las cosas bellas se marchitan, se deterioran y mueren. Es el caso de las flores que florecen en tu jardín, de la comida que preparas para cenar, de tus seres queridos e incluso de ti mismo. Las Escrituras incluso nos dicen que un día toda la tierra se marchitará.

No tenemos que preocuparnos ni temer, porque en cada paso del camino nuestro Padre perfecto será bueno. Y cuando llegue el final, nos llevará a una eternidad con él (un nuevo cielo y tierra) donde cada cosa mala que el pecado ha traído a nuestras vidas será vencida. Hasta entonces puedes estar seguro de que todo lo que te suceda pasará por su bondad y su amor. Nada impedirá que tu Padre haga el bien en tu vida, pase lo que pase.

Él dice: «"Porque Yo sé los planes que tengo para ustedes", declara el SEÑOR, "planes de bienestar y no de calamidad, para darles un futuro y una esperanza"» (Jeremías 29:11).

Y promete «que para los que aman a Dios, todas las cosas cooperan para bien, esto es, para los que son llamados conforme a Su propósito» (Romanos 8:28).

Una vez más, anclamos nuestra esperanza en la cruz, el lugar donde nuestro Padre perfecto coloca todo lo antibueno sobre su Hijo inocente para que puedas conocer su amor, experimentar su perdón y saber que él es bueno.

Así que quizá tu padre era o es una buena persona. Si es así, me alegro mucho por ti. Es posible que tu padre terrenal haya sido un mal hombre. No bueno, hasta la médula. Si es así, no quiero dejar pasar este momento y ofrecerte un montón de palabras que suenan bien y que sientes que están a un millón de kilómetros de tu realidad. Aunque suene un poco loco, quiero que intentes algo.

Detente un momento y deja que tu mente retroceda más de dos mil años hasta una colina a las afueras de Jerusalén. Quiero

Los brazos del Padre
perfecto son fuertes

y su corazón es bueno.

que te detengas en el momento en que Dios reveló su plan maestro al mundo. No se trataba de un juego de poder, como podríamos esperar, en el que Dios se abalanzaría sobre nosotros y acabaría con todo el mundo. Él venía a servirnos, no a aplastarnos. Así que nuestro Padre perfecto ofreció a la única persona buena viva para morir en nuestro lugar. No lo hizo en contra de la voluntad de su Hijo. Jesús se comprometió a la misión, una misión de amor y justicia, erradicando los efectos persistentes del pecado que nos habían maldecido hasta la muerte.

Mientras piensas en lo que ocurrió allí, escucha el golpeteo de los clavos al atravesar las manos y los pies de Jesús y clavarse en las vigas de madera. *Tilín. Tilín. Tilín. Tilín.* Cada golpe te está diciendo que Dios es alguien en quien puedes confiar, alguien que nunca te va a defraudar. Y cuando extienda su mano hacia ti y te diga: «Acércate, camina conmigo», puedes saber que su mano es una a la que puedes aferrarte para siempre.

Los brazos del Padre perfecto son fuertes, y su corazón es bueno.

Todo en sus manos

El Padre perfecto es soberano. Eso significa simplemente que Dios es grande, verdaderamente grande. De hecho, su soberanía significa que él es la fuerza más grande del universo. Él lo ve todo. Lo comprende todo. Él une generaciones y milenios y galaxias y el tiempo en una historia de su amor y gracia.

¿Cuán grande es él? Dios inventó a los inventores. Él creó el laboratorio del cosmos y la ciencia utilizada por los científicos.

Él escanea toda la historia de la humanidad con la misma facilidad que nosotros lo haríamos con un anuncio de diez segundos antes de un clip de noticias. Él tiene el universo entre sus dedos. Él toma las decisiones, y en este mismo momento está parado al final de la historia humana, esperando que lleguemos a su conclusión predeterminada. Para decirlo de otra manera: si le conoces, es tu Padre quien dirige el mundo. Y él es amoroso y bueno.

Como acabamos de subrayar, el hecho de que un Dios grande y bueno tenga el mundo en sus manos no significa que todo en el universo sea bueno. No, el pecado golpeó al mundo como una bola de demolición en un intento de destrozar las mejores intenciones de Dios para ti y para mí. Ni siquiera esto fue una sorpresa para Dios, y ningún mal puede forzar su mano o frustrar sus planes. Dios tenía pensado rescatarnos antes de la caída de la humanidad. Las Escrituras dicen que Cristo fue «sacrificado antes de la creación del mundo» (Apocalipsis 13:8, NTV). Dios es bueno y vence el poder de las tinieblas. Él es bueno y hace renacer la belleza de las cenizas. Dios tiene el control y, como descubrió Job, «ninguno de Tus [Dios] propósitos puede ser frustrado» (Job 42:2).

Entonces, ¿cómo te afecta como hijo o hija la soberanía de tu Padre? ¿Cómo cambia tu forma de vivir el saber que eres hijo del Rey soberano? En primer lugar, puedes confiar en que Dios siempre tiene un plan, y que su plan siempre se cumplirá. Eso no significa que Dios vaya a explicárnoslo todo en este lado del cielo. Simplemente nos asegura en cada situación que este Padre amoroso, bueno, grande y perfecto está pintando algo hermoso en un lienzo más grande de lo que podemos ver o entender.

Una noche, mi madre y yo estábamos sentados en un pequeño consultorio del hospital a eso de las nueve de la noche. Mi padre llevaba días, quizá más, sufriendo de los efectos de una infección cerebral que no le habían detectado. Mientras yacía en coma en una habitación de la unidad de cuidados intensivos, al final del pasillo, nos encontramos cara a cara con un neurocirujano que no conocíamos. Nos dijo que el cerebro de mi padre se estaba inflamando y que necesitaba que firmáramos un papel en el que le dábamos permiso para extirparle una parte del cerebro. Anunció que, si no lo operaba, lo más probable era que mi padre no pasara de esa noche.

Firmé el papel.

Es un milagro que mi padre sobreviviera a la operación y al ataque vírico que normalmente acabaría con la vida de alguien de su edad. Sin embargo, los efectos de la intervención y el daño ya causado por la inflamación inducida por el virus (por no mencionar el derrame cerebral que sufrió mi padre al día siguiente de la operación) lo dejaron física y mentalmente discapacitado. Mi padre, genio, diseñador y jugador de golf, nunca volvió a trabajar, ni a conducir un automóvil, ni a vestirse sin ayuda.

Nuestra familia estuvo en estado de *shock* durante mucho tiempo, preguntándose cuándo volveríamos a nuestras antiguas vidas. Sin embargo, cada nuevo día solo traía pruebas, frustración, más estancias en el hospital, otra operación cerebral, centros de rehabilitación, preguntas.

Cuando papá quedó discapacitado por primera vez, Shelley y yo vivíamos en Texas, dirigiendo un ministerio para estudiantes universitarios en el campus donde colgué ese cartel «Te quiero» en el roble. A medida que pasaban los años de penurias,

Shelley y yo pedíamos continuamente a Dios que nos liberara de nuestro ministerio en Baylor para poder mudarnos a Atlanta y ayudar a mamá a cuidar de papá. Pero cada vez que lo pedíamos, la respuesta era un claro: «Ahora no».

Por fin, en noviembre del séptimo año de discapacidad de mi padre, recibimos lo que creíamos que era el visto bueno para mudarnos a Atlanta. Estábamos encantados. Nos entristecería dejar atrás el trabajo que habíamos construido durante diez años, pero la llamada para ayudar a mi padre era fuerte. Pensábamos terminar el semestre de primavera y luego ir a Atlanta a echar una mano a mamá, que tanto lo necesitaba.

Nuestra última reunión de la primavera era el lunes 1.° de mayo, e iba a ser una gran celebración de agradecimiento por todo lo que Dios había hecho en la década que habíamos estado sirviendo allí. Muchos amigos planeaban estar allí, y nuestra junta del ministerio asistiría. Planeamos una noche muy especial.

Hemos oído que la última reunión fue extraordinaria. Pero extrañamente, Shelley y yo no estuvimos allí.

Estarás pensando: *¿Te perdiste tu propia fiesta de despedida?*

Sí.

Ese lunes fue el día en que enterramos a mi padre. Tuvo un infarto y murió el viernes anterior antes de que pudiéramos llegar a casa para ayudar con sus cuidados. Hablando de frustración y confusión. Mi padre se había ido, y eso era más dolor del que sabía que existía. Además, ya nos habíamos despedido de un ministerio que queríamos mucho, y ya no había vuelta atrás.

Así que nos mudamos a Atlanta a pesar de que papá se había ido. Resultó que mamá necesitaba mucha ayuda para reincorporarse a un mundo del que básicamente se había retirado por completo para dar a papá los cuidados que requería las veinticuatro horas del día. Yo estaba frustrado. ¿Me había perdido por completo el momento oportuno de Dios? ¿Teníamos que haber ido a Atlanta en noviembre? Si lo hubiéramos hecho, habríamos estado allí los últimos meses con papá. ¿Cómo había podido meter la pata?

No estaba tan enfadado con Dios como decepcionado conmigo mismo. Pero seguimos adelante hacia nuestra nueva ciudad, preguntándonos qué se suponía que íbamos a hacer a continuación. Es una larga (e increíble) historia que no puedo explicar por completo aquí sin escribir otro libro, pero unos meses después de la muerte de mi padre, Dios dejó caer una visión en nuestro radar que con el tiempo se convirtió en las Conferencias Passion y todo lo demás asociado con Passion. Desde entonces, Dios ha reunido a millones de jóvenes en edad universitaria en eventos de Passion en todo el mundo, llamándoles a vivir por lo que más importa.

Sin embargo, el verano después de que mi padre nos dejara, la idea de Passion era solo eso: una idea, y no teníamos forma de saber qué hacer a continuación. Perseguir y construir la visión de Passion resultó ser una nueva aventura, un nuevo comienzo.

Avanzamos rápidamente hasta el año 2013, dieciocho años después. Estábamos entrando en la que sería nuestra mayor reunión de estudiantes universitarios hasta la fecha, con más de sesenta mil universitarios reunidos en el antiguo Georgia Dome de Atlanta.

La noche anterior se jugó un partido de fútbol universitario en el mismo campo en el que nos reuniríamos al día siguiente.

El partido terminó tarde, y no llegamos al lugar para empezar a organizarnos hasta cerca de medianoche. Curiosamente, me habían pedido que pronunciara la invocación antes de ese partido (uno de los pocos acontecimientos deportivos de esta magnitud que todavía se abre con una oración), y me había situado cerca del centro del campo, cerca de la línea de las cincuenta yardas.

La siguiente vez que entré en el campo, se había transformado. De la noche a la mañana se había colocado sobre el césped una gruesa cubierta de plástico en piezas que parecían un rompecabezas. Luego se montó un enorme escenario circular en medio del campo, con luces y sonido de acompañamiento y todo lo necesario para trasladar la música y el mensaje de la conferencia a las decenas de miles de personas que llenarían el estadio.

Aquella noche, mientras caminaba hacia los escalones que conducían al escenario durante la sesión inaugural, mi corazón casi dejó de latir. Era el mayor acontecimiento que jamás habíamos organizado. El momento estaba lleno de posibilidades y expectativas. Estaba a punto de pronunciar un mensaje que, oraba, cambiaría para siempre el rumbo de las personas allí reunidas. Tuve que parar y recuperar el aliento por otra razón.

En el frenesí que siguió al final del partido de la noche anterior, no había habido tiempo de borrar el logotipo del patrocinador del partido del centro del campo. Seguía allí, bajo el plástico que lo cubría y *justo* debajo del escenario en el que me disponía a situarme.

¿*¡QUÉ!?*

En ese instante me di cuenta de que el logotipo de Chick-fil-A (ellos eran los patrocinadores del partido), que mi padre había creado en 1964, estaba ahora pintado en el campo directamente debajo del escenario de la mayor conferencia de Passion hasta la fecha. Durante cuatro días predicaría y dirigiría encima del diseño de mi padre, su creación.

Apenas podía creer lo que estaba pasando. ¿Cuáles son las probabilidades de que ocurra algo así?

Y entonces recordé que mi Padre perfecto es un Rey soberano. Esta loca colisión entre el diseño del logotipo de mi padre y el cumplimiento de la visión que brotó de la amarga tierra que acompañó a su muerte no resolvió el sufrimiento que nuestra familia, y especialmente mi padre, habían padecido. No es que recibiera una explicación del cielo de por qué todo sucedió como sucedió, pero fue un recordatorio para mí de que Dios es amoroso y bueno. Fue mi Padre perfecto recordándome que todas las historias deshilachadas llamadas «vida en la tierra» no están tan desconectadas en sus planes soberanos.

Dios conoce «el fin desde el principio» (Isaías 46:10). Para él «un día es como mil años, y mil años como un día» (2 Pedro 3:8). Él «cuenta el número de las estrellas, y a todas ellas les pone nombre» (Salmos 147:4), así que es imposible que olvide tu nombre. Y él siempre está trabajando para tu bien y su gloria. Tu Padre perfecto está trabajando a tu alrededor ahora mismo. Y nada va a impedir que él te convierta en el hijo o hija que él ha soñado que puedes ser.

Puede que hoy no tengas un plan claro para tu vida. En lugar de eso, puede que solo recibas bolas curvas y giros a la izquierda que no viste venir. ¿Pero puedes ver que tu Padre está por encima de todo, en todo, trabajando a través de todo? Conocerlo más y más como el Rey soberano te traerá paz y confianza en cada tormenta y en cada estación. Creer que él es amoroso, bueno y que tiene el control te permitirá hacer bien lo que él ha puesto en tus manos hoy, dejándole a él todos los resultadós.

Sin embargo, aún hay más por descubrir sobre el Padre perfecto.

Capítulo 8

Apreciar al padre sin defectos

En su libro *The God You Can Know (El Dios que puedes conocer)*, mi mentor Dan DeHaan comparte una ilustración que parece apropiada en este caso. Habla de un niño que está pescando en un pequeño estanque, moviéndose por la orilla de un lugar a otro hasta que ha agotado cada centímetro, solo para descubrir un pequeño arroyo que fluye desde el estanque. Al seguirlo, el arroyo se ensancha hasta convertirse en riachuelo y luego en río, hasta desembocar en el mar. La masa de agua que creía conocer a fondo era solo el principio de un mundo mucho mayor por descubrir.

Lo mismo podría decirse de mis esfuerzos por describir al Padre perfecto. Intentar agotar el carácter de Dios en unos pocos capítulos de este libro es como si yo intentara meter el océano en una pecera en tu mesita de café. Profundicemos un poco más en el corazón y el carácter de Dios. Descubramos más de quién es Dios para que puedas saber quién te invita a esta nueva relación como hijo o hija de un Padre perfecto.

El padre perfecto es un proveedor

Una de las enseñanzas más conocidas de Jesús, el Sermón del monte, ofrece una visión asombrosa de cómo actúa Dios, el Padre perfecto. Jesús estaba describiendo a Dios a sus discípulos, animándolos a confiar en Dios en la oración, a acudir a Dios y descubrir que Dios no defrauda.

Jesús dijo:

«Pidan, y se les dará; busquen, y hallarán; llamen, y se les abrirá. Porque todo el que pide, recibe; y el que busca, halla; y al que llama, se le abrirá». (Mateo 7:7-8)

Inmediatamente después de que Jesús sentara estas bases, dirigió el tema específicamente hacia la paternidad. Jesús preguntó a la multitud: «¿O qué hombre hay entre ustedes que si su hijo le pide pan, le dará una piedra, o si le pide un pescado, le dará una serpiente?» (Mateo 7:9-10).

Son preguntas retóricas, con respuestas obvias. Es casi como si Jesús estuviera contando un chiste. Estaba diciendo: «Mira, si tu hijo viene a ti a la hora de comer y te dice: "Papá, tengo hambre. ¿Me das pan, por favor?". Ningún padre le dará una piedra y le dirá: "Espero que te guste crujiente. Come, hijo". O si a tu hijo le ruge el estómago y te pide un trozo de pescado a la plancha, no le vas a dar una serpiente de cascabel y decirle: "Cuidado, la serpiente está viva y muerde"».

Imagino que la multitud se rio de las comparaciones de Jesús. Entendieron la lección. Jesús la explicó mejor, diciendo: «Pues si ustedes, siendo malos, saben dar buenas dádivas a sus hijos, ¿cuánto más su Padre que está en los cielos dará cosas buenas a los que le piden?» (Mateo 7:11).

La lección es clara. Si los padres humanos, con propensión al pecado, saben qué cosas buenas dar a un niño cuando este se las pide, ¿cuánto más Dios, el Padre perfecto, «nos da abundantemente todas las cosas para que las disfrutemos» (1 Timoteo 6:17)? Dios es el dador de los buenos dones.

Eso no quiere decir que Dios nos regale un automóvil Ferrari si le pedimos uno. Pero sí significa que Dios siempre nos proporciona lo mejor, y más que una mera subsistencia, nos proporciona cosas para que las disfrutemos. Incluso te concede «las peticiones de tu corazón» (Salmos 37:4).

Algunos pueden estar pensando: *Me da pena decírtelo, Louie. Pero mi padre me dio una piedra cuando necesitaba pan. Mi padre repartía serpientes a diestra y siniestra. Si le pedía cosas sencillas que necesitaba, me daba cosas tan retorcidas que eran impensables.*

Otros de ustedes que han experimentado el beneficio de un padre terrenal generoso enfrentan un desafío diferente. Ustedes encontraron su seguridad en lo que su padre terrenal podía darles y nunca aprendieron a depender de Dios. Sin embargo, muchos de ustedes vienen de un lugar donde su padre nunca les proveyó ni siquiera lo esencial.

Si es así, puede que te resulte difícil sentirte seguro de tener lo básico en la vida. El Padre perfecto no quiere que vivas con una mentalidad de escasez, preocupándote constantemente por si tendrás lo que necesitas. La clave para transformar nuestros pensamientos sobre el «padre» se encuentra en la frase que Jesús utilizó en el pasaje sobre las serpientes y las piedras. Fíjate bien en dos palabras importantes: *cuánto más*. Fíjate: «¿Cuánto más su Padre que está en los cielos dará cosas buenas a los que le piden?» (Mateo 7:11).

Es Jesús diciendo: mira, en el curso normal de la vida, los padres terrenales suelen saber cómo satisfacer las necesidades de sus hijos. Y en la mayoría de las ocasiones, los padres lo harán, aunque los buenos a veces metan la pata, y los malos logran que todo se haga añicos. Sin embargo, tu Padre celestial satisfará las necesidades, y «¡cuánto más!». La invitación es a ver al Padre celestial como el proveedor perfecto. Recuerda, él no es el *reflejo* de tu padre terrenal. Él es la *perfección* de la paternidad.

Cuando empezamos a empaparnos de la verdad de que Dios es un Padre impecable, no un padre terrenal estropeado, entonces sin duda podemos confiar en nuestro Padre celestial. Él no peca. No comete errores. Dios, nuestro Padre celestial, nos cuida perfectamente. Él nos llama «hijos de Dios» y «prodiga» su amor sobre nosotros, y «cuánto más» nos proveerá. Sus motivos son siempre puros, sus acciones son siempre impecables, y sus intenciones son siempre buenas hacia nosotros.

Un historial impecable

Mirar lo que él ha hecho en el pasado nos ayuda a saber que podemos depender de él en el futuro. Una vez alimentó a miles de personas con un bocadillo que le dio un niño de la multitud. Tomó los cinco pequeños panes y los dos pececillos en sus manos, dio gracias y procedió a partirlos una y otra vez hasta que todos tuvieron más que suficiente. Por si fuera poco, sobraron doce cestas. ¿Se equivocó Jesús al contar? No. Lo hizo para mostrarte que tu Padre es un Dios de abundancia, no de escasez.

Y que él quiere que adoptes una mentalidad de generosidad que te ayude a ver más allá de tus propias necesidades, hacia las necesidades de los demás.

En otra ocasión, Jesús estaba en una boda cuando se acabó el vino y el anfitrión empezó a asustarse. Jesús dijo a los sirvientes que llenaran grandes tinajas con agua, y luego convirtió el agua en vino. Y no fue cualquier vino. Los invitados se asombraron de que el anfitrión hubiera dejado lo mejor para el final. Cuando la fiesta se está acabando, ¿quién viene con lo mejor que se puede ofrecer? El Padre que provee.

Todos los días de mi vida tuvimos un techo bajo el que cobijarnos y, aunque éramos de clase media-baja, teníamos todo lo que necesitábamos. Mamá y papá trabajaron casi todos esos años para que no nos faltara de nada. Sin embargo, no había nada extravagante en la ecuación, y no fue hasta que yo estaba en la universidad que nos mudamos a una casa de verdad (una casa adosada), con un segundo piso y una puerta principal y un vestíbulo legítimo. Vivíamos prácticamente al día, sin mucho margen, y no era raro que papá pidiera un préstamo a la cooperativa de crédito de su trabajo para hacer frente a grandes gastos, como un automóvil usado «nuevo» o una boda.

Esa puede ser a veces nuestra situación en nuestra familia humana, pero cuando se trata de tu nuevo árbol genealógico, un hijo o hija del Rey nunca tiene que arreglárselas a duras penas. Tu alma recibe todo lo que necesita de manera generosa, y Dios alimenta y viste tu espíritu con abundancia. Después de todo, eres hijo del Rey. Espera un minuto: maravilloso para nuestras *almas*, pero ¿qué pasa con nuestros *cuerpos*? Ellos también tienen necesidades, y ciertamente hay momentos en que los cristianos viven en circunstancias menos que abundantes, incluso en la pobreza o el hambre. ¿Se preocupa Dios de esas necesidades humanas?

Seamos claros: Dios no vive de cheque en cheque, porque no le pagan. ¿Quién le pagaría? Él ya posee todo lo que hay que poseer. Y está comprometido con sus hijos. Así que no tiene que acumular sus bienes, y no tiene que preocuparse por el mañana. Fíjate en lo que dijo Jesús:

«Por eso les digo, no se preocupen por su vida, qué comerán o qué beberán; ni por su cuerpo, qué vestirán. ¿No es la vida más que el alimento y el cuerpo más que la ropa? Miren las aves del cielo, que no siembran, ni siegan, ni recogen en graneros, y sin embargo, el Padre celestial las alimenta. ¿No son ustedes de mucho más valor que ellas? ¿Quién de ustedes, por ansioso que esté, puede añadir una hora al curso de su vida?».
(Mateo 6:25-27)

Esto claramente se refiere a las necesidades humanas y materiales. Y fíjate cómo Jesús apunta esta promesa hacia ti haciendo esta pregunta: «¿No son ustedes de mucho más valor que ellas?». De nuevo, él no está esperando una respuesta. Jesús está haciendo una declaración. Puede que el Padre perfecto no te dé todo lo que quieres, justo cuando lo quieres, pero no te va a dejar colgado. Nunca habrá una lápida que marque su muerte (lo intentaron en la tumba del jardín, pero la muerte no pudo mantener a Jesús en la tumba). Nunca estará demasiado ocupado en su trabajo como para no preocuparse por ti, ni demasiado débil, desmotivado o abatido como para no fijarse en ti e intervenir para proporcionarte todo lo que necesitas. Incluso los problemas humanos como la pobreza, el cáncer, el divorcio y otros similares nunca podrán tocarnos sin ser filtrados primero a través de su amor, para sus buenos propósitos. El Padre perfecto es amoroso, bueno y tiene el control.

Y él va a asegurarse de que tengas todo lo que necesitas, incluso si tu necesidad es experimentar un tiempo de carencia para que puedas acercarte más a él.

El padre perfecto es capaz

Muchos de los que hemos crecido aprendiendo sobre Jesús hemos oído hablar de un tipo llamado Zaqueo. Algunos de ustedes pueden estar cantando en su pensamiento: *Zaqueo era un hombre pequeñito*. La historia dice así: cuando Jesús pasaba por cierto pueblo, una gran multitud se alineó en las calles para verlo. Jesús había estado haciendo milagros de un lugar a otro, y su reputación le precedía. El problema era que Zaqueo era un tipo bajito y no podía ver por encima de la multitud. No se preocupó; se subió a un árbol cercano y tuvo la mejor vista de todos cuando Jesús pasó. Sorprendentemente, Jesús se detuvo justo delante de ese árbol y llamó a Zaqueo por su nombre. Entonces Jesús hizo algo inusual: se invitó a sí mismo a quedarse en la casa de Zaqueo.

«Hola Zaqueo, ¿cómo te va?», llamó Jesús. «Baja rápido. Esta noche me quedo en tu casa». La multitud se quedó helada de incredulidad.

No se quedaron paralizados porque Jesús estuviera siendo un poco atrevido al invitarse a la casa de este hombre, sino porque sabían que Zaqueo era el principal recaudador de impuestos de la ciudad. No sólo trabajaba para las autoridades, sino que se hacía asquerosamente rico sacando tajada de los impuestos que cobraba. Todos los que estaban a lo largo del camino se quedaron mirando en un silencio atónito.

Jesús, me parece que te has equivocado de hombre, murmuraron para sí mismos. *Este tipo es un tramposo, el peor pecador de la ciudad.*

Él conoce tu nombre

¿Qué nos dice esta historia sobre la capacidad de Dios? Una cosa sencilla que nos muestra es que Dios conocía a Zaqueo por su nombre. La memoria de Dios nunca falla, y nunca ha tenido que inclinarse hacia un ángel para preguntarle: «¿Quién es esa chica alta allí con anteojos de sol?». El Padre perfecto tiene conocimiento instantáneo de toda la información en todo momento.

Recientemente, investigadores de la Universidad de York descubrieron que nuestro cerebro puede recordar diez mil caras a lo largo de la vida. La persona media, según el estudio, puede recordar unas cinco mil, pero los científicos dicen que eso no significa que siempre recordemos sus nombres.[10] Qué alivio. Estoy bastante seguro de que no puedo recordar el nombre de cinco mil personas. El Padre perfecto sí puede. Sabe el nombre de cada persona que ha creado y su ubicación exacta en el planeta Tierra en cada instante.

Es posible que tu padre terrenal haya parecido olvidarse de ti, pero no el Padre perfecto e intachable. Jesús no necesitó preparación avanzada de su equipo sobre el nombre del pequeño recaudador de impuestos. Podría haber nombrado a todas las personas de la ciudad. Y no necesitó indicaciones para llegar a la casa de Zaqueo o de cualquier otro.

En otra ocasión, Jesús se sentó junto a un pozo para descansar mientras sus discípulos iban al pueblo a buscar algo de comer. Pronto entabló una conversación con una señora que le hizo una oferta extraordinaria. Le prometió la esperanza del agua viva que saciaría la profunda sed de su alma. La mujer le dijo: «Señor», [...] «dame esa agua, para que no tenga sed ni venga hasta aquí a sacarla» (Juan 4:15), sin entender del todo lo que Jesús estaba tratando de decir. Él le dijo que fuera a buscar a su marido y entonces le daría el «agua viva».

«No tengo marido», le dijo.

Jesús no cayó en la trampa. ¿Por qué? Porque él es capaz, esto significa que lo sabe todo sobre nosotros. Sabía el nombre de esta mujer como sabía el nombre de Zaqueo. Y también sabía que cuando se trataba de matrimonio, ella había fracasado cinco veces y ella y el hombre con el que vivía no estaban casados.

Vaya, este tipo ha estado leyendo mi correo, pensó. Concluyó que debía de ser un profeta, pero Jesús era aún más que eso. Él era Dios en carne humana, un reflejo del Padre perfecto. Él sabe quién eres y entiende todo lo que haces.

Jesús se identifica

Vemos algo más sobre el Padre perfecto en la historia de esta mujer, así como en la historia de Zaqueo: Dios se siente cómodo en el mundo real. No tiene miedo de mezclarse con todo el mundo. Jesús se invitó a sí mismo a la casa de un contador de impuestos, un hombre de números.

¿De verdad? ¿De qué podrían hablar? ¿Cómo podría Jesús defenderse bien? ¿No sería mejor que Jesús se dedicara a las cosas bíblicas? ¿Qué sabría Jesús sobre créditos fiscales, el devengo contable, sociedades de responsabilidad limitada o ganancias de capital a corto plazo? ¿No debería quedarse en el ámbito espiritual?

No. Es muy culto, muy actual y está al tanto de tu situación.

¿Y qué es esa capacidad suya de saberlo todo sobre situaciones matrimoniales complicadas?

Una cosa increíble de este Dios Padre perfecto, y un beneficio desestimado para muchas personas que dicen seguirle, es que lo sabe todo sobre todo. Se siente tan cómodo hablando contigo de repostería británica, construcción de un cohete, romper el par en el campo de golf, matemáticas binarias, cochecitos de bebé, legislación bipartidista o síntomas bipolares como recitando los libros de la Biblia. Le gustan las artes gráficas, las microempresas, la gestión de cultivos, tejer (incluso el punto de cadeneta), la economía de la oferta, la bioética, el diseño urbano, la migración de las aves, la renovación de tablillas o cualquier otra cosa que ocupe tu mente en ese momento.

No necesitas informar a Dios de nada ni enseñarle a manejar el control remoto o a publicar en las redes sociales. Él es muy capaz por sí mismo. Es más, él está interesado en ti y en lo que te apasiona. Eso no quiere decir que él esté dispuesto a aprobar lo que sea que estés produciendo o la forma en que estás haciendo tu trabajo. Si te apasiona la arquitectura o la inteligencia artificial o formar una familia, una pasión que él ha entretejido en tu corazón para llevar luz al mundo, él es el Padre que has estado buscando.

Una mano amiga

Hay una última cosa sobre su capacidad que quiero que veamos: la realidad de que el Padre perfecto es capaz y nos dice que tiene el poder de ayudarnos en cualquier área de nuestras vidas. Tanto la historia de Zaqueo como la de la mujer junto al pozo terminaron en milagros de transformación personal.

Uno pensaría que si el Hijo de Dios fuera a cenar a la casa de un recaudador de impuestos acabaría en desastre. Y si Jesús se encontrara en la calle con una divorciada cinco veces, esperarías un derroche de vergüenza y condena. Sin embargo, ambas personas encontraron sanidad y libertad a través de sus encuentros con Jesús. Por supuesto, Jesús podía estar hablando de impuestos toda la noche, y podía contar los detalles de cada matrimonio destrozado que la mujer había sufrido. Sin embargo, él no solo vino a demostrar que estaba al tanto de sus circunstancias, sino que vino a cambiar sus vidas para mejor. Y tenía el poder y la autoridad para hacerlo.

Hace poco asistí a un evento musical en el que una niña de ocho años no podía ver el escenario, así que le pidió a su padre que la levantara para poder ver. Con un solo movimiento, la levantó y la sentó sobre sus hombros. Ahora medía unos dos metros y medio, unos cuantos más que el resto del público. La sonrisa del padre me dijo que estaba muy contento de que su hija tuviera una vista mejor, pero que estaba igualmente orgulloso de que ella le hubiera pedido que mostrara su poderío e hiciera algo que ella no podía hacer.

Un buen padre no desprecia la petición de ayuda de su hijo pequeño. Le encanta. Del mismo modo, a Dios no le molestan tus peticiones. Está contento de que hayas acudido a él y encantado de que hayas pensado en él como alguien capaz y dispuesto a ayudarte.

El Padre perfecto es capaz de hacer lo que nadie más puede hacer por ti. Más allá de la cruz de Cristo, hay un momento igualmente significativo en el tiempo que te permite saber que

Dios es capaz: el momento en que Dios resucitó a Jesús de la tumba.

El poder de una tumba vacía

Esa pesada piedra que los guardias usaron para sellar la tumba donde yacía el cuerpo muerto de Jesús fue fácilmente movida por un ángel enviado por el Padre perfecto. La demostración de la habilidad de Dios no fue mover la piedra. Dios ya había hecho la obra más milagrosa cuando llamó a su Hijo de las profundidades del hades. Los poderes de las tinieblas temblaron cuando el pecado y el infierno fueron derrotados; Jesús estaba vivo para siempre, un campeón victorioso sobre el pecado y la muerte.

Cuando los ojos de nuestro corazón son «iluminados» como hablamos antes, llegamos a ver esto: el poder de Dios no tiene límites y su brazo es poderoso para salvar. Ya hemos destacado este pasaje en el que Pablo nos anima a ver con nuevos ojos, pero vale la pena repetirlo:

«Mi oración es que los ojos de su corazón les sean iluminados, para que sepan cuál es la esperanza de Su llamamiento, cuáles son las riquezas de la gloria de Su herencia en los santos, y cuál es la extraordinaria grandeza de Su poder para con nosotros los que creemos, conforme a la eficacia de la fuerza de Su poder. Ese poder obró en Cristo cuando lo resucitó de entre los muertos y lo sentó a Su diestra en los lugares celestiales, muy por encima de todo principado, autoridad, poder, dominio y de todo nombre que se nombra, no solo en este siglo sino también en el venidero». (Efesios 1:18-21)

Dios quiere que veamos cuán grande es su poder (capacidad) y que sepamos que tenemos acceso a ese poder en Cristo.

Pablo también dijo: «Pero si el Espíritu de Aquel que resucitó a Jesús de entre los muertos habita en ustedes, el mismo que resucitó a Cristo Jesús de entre los muertos, también dará vida a sus cuerpos mortales por medio de Su Espíritu que habita en ustedes» (Romanos 8:11).

Marcos relata en el capítulo 9 de su evangelio la historia de un hombre cuyo hijo estaba poseído por un espíritu maligno. Los discípulos de Jesús oraron por el muchacho, pero fue en vano. Cuando llegó Jesús, todos discutían por qué el muchacho no se liberaba. Jesús preguntó al padre del muchacho: «¿Cuánto tiempo hace que le sucede esto?».

«Desde su niñez», respondió. «Muchas veces ese espíritu lo ha echado en el fuego y también en el agua para destruirlo. Si tú puedes hacer algo, ten misericordia de nosotros y ayúdanos».

Fíjate que el padre le dijo a Jesús *si tú puedes*, es decir, *si tú eres capaz.*

«¿Cómo "si tú puedes?"», le dijo Jesús. «Todas las cosas son posibles para el que cree».

El padre fue sincero y dijo: «Creo; ayúdame en mi incredulidad».

Probablemente todos nos encontremos en un punto intermedio entre la fe y la incredulidad. Mi oración es que a medida que emprendas este viaje, tus ojos se abran para ver que el Padre perfecto, que es amoroso y bueno, Aquel que tiene el control, proveerá todo lo que necesites. Ese Padre es capaz de hacer todo lo que dice que puede hacer.

El padre perfecto está presente

Todos anhelamos que nuestros padres terrenales participen activamente en nuestro mundo. Sobre todo, no queremos que nos dejen solos. Queremos que nuestro padre terrenal cuelgue el teléfono, deje de ver las noticias en su tableta, silencie la televisión y nos escuche de verdad. Queremos que vaya a nuestros partidos de baloncesto. Queremos que se acuerde de llamarnos en nuestros cumpleaños. Queremos que vaya al hospital cuando nazca nuestro primer hijo. Queremos que nuestro padre esté presente en los momentos importantes. Es parte de su bendición. Su participación activa nos demuestra que somos importantes en su mundo. Somos importantes.

Todos los padres terrenales no pueden estar presentes todo el tiempo. Como el mío que no puede. Nunca volverá a estar presente en un evento importante de mi vida. Se ha ido. Pero hay otras razones por las que los padres no aparecen; algunas están fuera del control de nuestros padres. Las reuniones de negocios forman parte de la vida cotidiana, y los vuelos se cancelan. Incluso puede que el divorcio que ha destrozado tu árbol genealógico no haya sido el deseo de tu padre. Tal vez haya sido tu madre la que perdió el rumbo, o engañó a la familia, o cayó en un patrón de abuso o adicción. Es posible que tu padre esté deseoso de prodigarte su amor (y haga todo lo posible desde la distancia), pero un acuerdo de custodia le impida formar parte de tu día a día.

Otros papás han optado por no participar. El distanciamiento aumenta con el tiempo y, como resultado, papá no siempre aparece cuando lo necesitas. Y lo que es peor, algunos padres desaparecen por completo de nuestras vidas.

Pero el Padre perfecto permanece presente con nosotros. De hecho, este ha sido un rasgo de nuestro Dios desde el principio. En el jardín, Dios caminó con los primeros seres humanos al fresco del día. Cuando su pueblo navegaba por el desierto tras liberarse de la esclavitud, Dios hizo que Moisés construyera una tienda de reunión donde su presencia descendía en una nube que cubría la tienda mientras Dios hablaba con Moisés cara a cara. Con el tiempo, la tienda fue reemplazada por un tabernáculo, y luego por un templo, y en cada lugar, estaba la promesa de la presencia de Dios.

Una noche, en Belén, las cosas cambiaron: nació Cristo. Dios ya no estaba en una tienda ni en un templo, ni en la nube ni en ninguna otra manifestación en la que se presentaba. Dios estaba ahora entre los hombres en la persona de Jesús, cuyo nombre es Emmanuel, Dios con nosotros.

El salmista nos animó, hablando del Padre perfecto: «En Tu presencia hay plenitud de gozo; en Tu diestra hay deleites para siempre» (Salmos 16:11). Ahora, en Cristo tenemos la promesa: «NUNCA TE DEJARÉ NI TE DESAMPARARÉ» (Hebreos 13:5). En ninguna parte del Nuevo Testamento tenemos las imágenes de la presencia de Dios que encontramos en el Antiguo Testamento, ni siquiera una sola invitación a buscar su presencia. ¿A qué se debe esto? ¿Acaso ya no importa la presencia de Dios?

Por supuesto que sí, pero como Dios está ahora entre los hombres, vemos que a través del Espíritu de Dios y de la persona de Cristo, él vive en los corazones de los creyentes. Así es como sabemos que nunca estaremos solos: porque Cristo vive en nosotros.

Todavía podemos sentirnos solos, sobre todo cuando nos alejamos de la verdadera comunidad con el pueblo de Dios, perdiendo el contacto con el Espíritu y la Palabra. Sin embargo, Dios nunca nos abandona. Siempre está ahí. Sí, hay momentos en los que sentimos que Dios está más cerca que en otros, como esa sensación de saber que alguien a quien quieres acaba de entrar en la habitación. La alegría de ese momento es descubrir que la persona que sentiste entrar en la habitación está *verdaderamente* en la habitación contigo. «Sentí tu presencia», podrías decir, «pero me alegro mucho de que estés aquí».

Aunque Jesús no está físicamente contigo, él te ha dado «otro Consolador» que está contigo para siempre, Dios el Espíritu Santo. Dios está realmente en todas partes todo el tiempo. Y creemos que él está con nosotros de una manera poderosa cuando su Espíritu se instala en nuestras vidas. Se produce un cambio, y comprendemos que la vida no es tanto «Jesús *y* yo» como «Jesús *en* mí». A medida que el Espíritu nos llena, llegamos a saber lo que significa sentir que él está cerca en los días soleados y en las noches de tormenta. El Padre perfecto está más cerca que una llamada telefónica.

Él está en ti y contigo en todo momento. Por eso seguimos dando vueltas alrededor de esta verdad central:

> «Porque aunque mi padre y mi madre me hayan abandonado,
> el Señor me recogerá». (Salmos 27:10)

Esas palabras no son una receta para una píldora mágica de la felicidad, si es que existiera. Esas palabras nos hablan de desarrollar una fe real, una fe cruda, una fe en la que reconocemos al Señor, aunque las personas más cercanas a nosotros nos hayan dado las espaldas. En el caso de este salmo, un padre y una madre terrenal han abandonado a su propio hijo.

«... ¿cuánto más su Padre que está en los cielos dará cosas buenas a los que le piden?».

No conocemos la razón concreta del abandono descrito en este salmo, pero quizá el padre no estaba allí cuando se le necesitaba, o quizá el padre era abusivo, o el padre era pasivo, y quizá la madre intervino e intentó ayudar. Eso es lo que ocurre a menudo hoy en día. Las madres pueden ser increíbles, y las madres pueden ver cuando un padre no es lo que tiene que ser. Muchas madres intentan cubrir ese vacío, y algunas lo consiguen a lo grande, otras parcialmente. Pero tal vez esta madre finalmente se dio por vencida y dijo: «No, ya no puedo hacerlo». O tal vez ni siquiera intentó intervenir y, en realidad, perjudicó a su hijo desde el principio. Tal vez la madre se había ido, o la madre estaba trastornada, o la madre era abusiva junto con el padre. Se mire como se mire, hay una enorme cantidad de dolor envuelto en las palabras de ese salmo. Sin embargo, el Señor no ha abandonado a esta persona. El Señor «recibe» a esta persona. La NBLA traduce esa palabra de esta manera: «El SEÑOR me recogerá». La NTV lee: «El SEÑOR me mantendrá cerca».

Es una buena noticia, pero, por desgracia, el dolor inicial expresado en ese versículo refleja la realidad de este planeta, porque en un planeta roto ocurren cosas bastante malas. Dios, en su infinita sabiduría, ha dado a la gente libertad de elección. Algunas personas eligen bendecir a otras con su libertad de elección. Otros eligen hacer daño a la gente. Hay mucha injusticia en este mundo. Muchas malas decisiones y dolor. Afortunadamente, la Biblia dice que un día, todas las cosas serán hechas nuevas (Apocalipsis 21:1-8). Un día todo será rectificado (Isaías 61). Un día, el juicio correrá «como las aguas y la justicia como una corriente inagotable» (Amós 5:24).

Incluso hoy, a pesar de todo el dolor del mundo, Dios es más grande que todo nuestro dolor. Él es más grande que nuestras mayores heridas y lesiones. Dios está siempre cerca para que podamos volvernos a él, y cuando nos volvemos, Dios nos recibe. Nos acoge y nos abraza. Dios nos atrae a sus brazos, un hijo amado del Creador del universo. El Padre perfecto es amoroso y bueno. Él tiene el control y proveerá todo lo que necesitemos. El Padre perfecto es capaz y siempre está con nosotros.

El Padre perfecto es un protector

Todos los que han perdido a un padre, ya sea por divorcio, desinterés, muerte o distancia, ocupan un lugar especial en el corazón de Dios. Él está comprometido contigo. El salmista describió poderosamente este cuidado:

«¡Canten alabanzas a Dios y a su nombre!
  Canten alabanzas en alta voz al que cabalga sobre las nubes.
Su nombre es el Señor;
  ¡alégrense en su presencia!
Padre de los huérfanos, defensor de las viudas,
  este es Dios y su morada es santa.
Dios ubica a los solitarios en familias;
  pone en libertad a los prisioneros y los llena de alegría».
(Salmos 68:4-6, NTV)

Como inicio, nuestra invitación es a empezar con la alabanza porque solo él es digno de nuestra adoración. En concreto, se nos invita a ensalzar al que «cabalga sobre las nubes». Son imágenes increíbles. Estamos llamados a cantar a este Dios y a entonar alabanzas a su nombre. Pero puede ser difícil unirnos a la canción de Dios cuando estamos dolidos por dentro.

Dios está cantando sobre nosotros, y a veces todo lo que podemos hacer es recibir sus palabras de amor, y eso es suficiente. Nos hemos vuelto hacia Dios en nuestro dolor y él nos ha atrapado y nos tiene cerca, y entonces tiene que pasar mucho, mucho tiempo antes de que podamos hacer otra cosa que no sea escuchar su voz.

Sin embargo, en algún lugar de nuestra sanidad, sentimos la invitación de cantar alabanzas a Dios, el Padre perfecto que ya está cantando sobre nosotros. Cuando empezamos a alabarle y adorarle, de algún modo se acelera nuestra sanidad. Nuestros ojos se apartan de nosotros mismos. Se nos invita a mirar al Padre perfecto, sin defectos, que no teme una noche oscura.

Tengo un buen amigo que es padre de niños pequeños, y me cuenta que a veces, en las noches de tormenta, cuando sus hijos no pueden dormir, entra en la habitación de sus hijos y les canta, y luego invita a sus hijos a cantar con él. Me explica que en esos momentos ocurre algo tranquilizador. Canta canciones de adoración a Dios, canciones que los niños han oído en la iglesia. Los niños oyen la voz de su padre, fuerte y tranquilizadora, y los niños oyen también sus propias voces, uniéndose al sonido de fuerza y tranquilidad. Cuando los niños empiezan a cantar, se les transmite un consuelo adicional. Ya no tienen tanto miedo de la tormenta. Los niños oyen las palabras de alabanza que salen de sus propias bocas. Los niños recuerdan que su padre está cerca de ellos y que esta tormenta también pasará.

La siguiente parte del salmo 68 sostiene la verdad de que Dios está especialmente en sintonía con los huérfanos. Está especialmente cerca de las viudas, de quienes no tienen familia en la que confiar. Es especialmente compasivo con los que están cautivos, ya sea por sus propios pecados o tal vez por los pecados de otros. Dios, el Padre perfecto, es el defensor de las personas que necesitan ser defendidas. Es el que suprime la soledad, el que rompe las cadenas de la esclavitud. Es el mismo Dios que cabalga sobre las nubes, el mismo Dios que nos invita a acercarnos a él, el mismo Dios que canta sobre nosotros y nos llama hijos e hijas suyos.

En la cultura en la que se escribió por primera vez el salmo 68, el peor escenario para cualquiera era quedarse huérfano de padre o viuda. Básicamente te abandonaban a tu suerte. Te expulsaban de la sociedad y no tenías ninguna oportunidad de salir adelante. En muchas situaciones, lo mismo ocurre hoy en día. Y en estos escenarios especialmente necesitados, Dios se acerca a la gente que se siente baja y vive bajo. Él coloca a los humildes dentro de las familias. Él se regocija sobre nosotros con una canción. Él comienza la canción por el amor que tiene hacia nosotros, y luego nos invita a cantar con él.

Todo eso se oye bonito, Louie, pero ¿dónde estaba Dios cuando necesité que me defendiera? ¿Dónde estaba cuando clamé pidiéndole ayuda y no sucedió nada?

Si eso es lo que te estás preguntando ahora, estoy de acuerdo en que son preguntas importantes y dolorosas. Una vez más, no voy a tratar de pasar por alto lo que te ha sucedido. El hecho de que estés leyendo estas palabras significa lo siguiente: has superado el dolor. Ahora estás aquí. Y aunque hay recuerdos dolorosos y cicatrices, Dios te ha traído a un nuevo día.

¿Recuerdas esas veces en las que te decías a ti mismo: *No sobreviviré ni un día más?* Mas lo hiciste, y sigues en pie. Yo creo que aún sigues leyendo, buscando, esperando (si no estuvieras esperando una sanidad, no habrías llegado tan lejos en este libro), e intentando llegar porque Dios estaba presente aunque no lo pareciera. Él te estaba dando las fuerzas para soportar y probablemente incluso protegiéndote de un daño mayor de maneras que no conocías.

Entonces, ¿por qué no detuvo lo que me estaba pasando? ¿No es esa la mayor pregunta de todas?

Creo que la respuesta es porque en el momento en que él intervenga y elimine todos los daños colaterales de este mundo roto para que no vuelvan a ocurrir, ese será el instante en que la vida en la tierra se acabe. Y en ese momento los perdidos se perderán para siempre y muchos que Dios quería que se convirtieran en hijos e hijas serán separados de sus brazos. Así que él espera y extiende la gracia un día más. Y durante veinticuatro horas más estamos atrapados en el fuego cruzado de un mundo destrozado por el pecado.

Hoy él extiende sus brazos fuertes para recoger a los huérfanos, y está resuelto a defender a todas las viudas. Cada divorcio deja viudas y huérfanos a su paso. No tiene por qué ser la muerte la que los cree. Y todas esas veces, Dios cabalga sobre las nubes anunciando que quiere ser un padre para los huérfanos.

¿Es a ti a quien viene a buscar ahora? ¿Te sientes solo y sin familia? Si es así, sus ojos están puestos en ti y sus brazos están extendidos hacia ti. Él es el Padre perfecto, el que es amoroso, bueno y tiene el control. El que te proporcionará todo lo que necesites. Es el Padre que puede y que está contigo y que ha estado luchando por ti en cada momento de tu vida.

Considéralo: Dios tiene un plan individual para tu vida. Él te conocía incluso antes de que nacieras, y todos los días que vivirás estaban escritos en su libro antes de que uno de ellos llegara a existir (Salmos 139:16).

Dios comenzó una buena obra en ti, y terminará lo que comenzó (Filipenses 1:6).

Dios te ha preparado un futuro increíble. Es tan asombroso que ninguna mente lo ha concebido (1 Corintios 2:7-9).

Dios te ha elegido para que vivas una vida fructífera, eficaz y que honre a Dios (Juan 15:16).

Por eso él nunca retrocederá ante ninguna amenaza contra ti, su hijo. Él ya ha vencido los mayores peligros que jamás enfrentarás: el pecado y la muerte. Y no se detendrá ahora. Él es el Padre perfecto. Él te protegerá en tu camino porque tiene un propósito y un plan para tu vida.

En el centro del plan de Dios está la esperanza de que crezcas para parecerte y actuar como él.

Capítulo 9

Crecer como papá

Al igual que tú, yo también tengo un certificado de nacimiento, una copia en papel. Hace tiempo que no la miro, pero cuando yo era pequeño se necesitaba ese papel para todo tipo de cosas: para demostrar tu edad en las pruebas de las ligas menores, para inscribirte el primer día de clase en el colegio, para solicitar la licencia de conducir.

Tu partida de nacimiento, así como la mía, declara que has *nacido*. No llegaste misteriosamente al planeta Tierra, sino que en cierto hospital y a cierta hora te uniste a la raza humana. Un vistazo rápido al certificado de nacimiento nos dirá cuánto medías y cuánto pesabas cuando naciste. Puede que haya una huella que te vincule para siempre a esa información. Y luego aparecen los dos datos más importantes sobre ti: los nombres de tu madre y tu padre. En algunos casos puede que no conste el nombre del papá si los padres no están casados, pero este documento te dice por quién llegaste a ser y dice mucho sobre cómo vas a ser. En términos físicos no tienes mucho donde elegir, dado que eres el resultado de la combinación del ADN de tus padres, de la combinación de sus genes.

Parecido familiar

Si lo ponemos en los términos biológicos más básicos, es así: recibiste algo de tu madre y algo de tu padre, y el resultado de los dos eres tú al cien por cien. Por eso, te guste o no, tienes una fuerte tendencia a crecer pareciéndote, siendo y actuando como tu madre y tu padre.

Si le dices esto a un adolescente, es probable que discuta contigo, desafiando el poder de la genética y jurando que *jamás* se parecerá a su madre o a su padre. Deja que pasen unos cuantos años entre las visitas de Acción de Gracias y la tía Lucinda lo dejará bastante claro cuando entre por la puerta, dé otra mirada a tu hija de catorce años y diga emocionadamente: «¡No lo puedo creer! ¡Eres igual que tu madre!».

Este tipo de proclamación no es necesariamente lo que todos los adolescentes esperan que se diga de ellos (puede que piensen que son más geniales y modernos que mamá o papá), y puede que la desafíen. Sin embargo, pregúntale a cualquier veinteañero si es probable que de mayor se parezca a mamá y a papá, y no obtendrás ningún desafío. Simplemente asentirán con la cabeza.

Cuando nos convertimos en padres, ya es un hecho: *somos como nuestros padres*. Nos oímos decir a nuestros hijos lo mismo que nuestros padres nos dijeron a nosotros. Nos acercamos a los patrones de gasto de nuestros padres o a su visión del mundo, y muy pronto incluso empezamos a vestirnos como ellos. En algún momento, llevar calcetines de vestir con zapatillas de tenis como hacía papá no parece una idea tan descabellada.

Mi esposa, Shelley, frecuentemente me dice que uno de mis gestos es igual que el de «Big Lou». Ella dirá que la forma en que sonreí o la forma en que entrecerré los ojos o la forma en que dije lo que dije es igual a él. O dirá, cuando responda de cierta manera: «Martha Jeane (mi madre), ¿eres tú?».

El camino para parecernos a nuestros padres no es solo el resultado de nuestra composición genética. También proviene de observar a nuestros padres desde nuestros primeros momentos de vida, de modelar lo que los vimos hacer.

Hay una foto de Shelley tomada cuando era pequeña que me encanta. Está junto a su padre durante unas vacaciones familiares. Creo que la foto la tomó su madre, porque ella no sale en la foto. Shelley tiene unos cuatro años, y ella y su padre están al lado de la carretera en uno de esos miradores donde paras el automóvil, te bajas y miras a tu alrededor. Detrás de ellos hay montañas cubiertas de nieve, y Shelley y su padre están a medio metro del borde de un acantilado. No hay barandilla en el acantilado, solo una pequeña calzada de rocas apiladas, y Shelley lleva un suéter blanco con unos escandalosos pantalones a cuadros negros y blancos. Su padre lleva una chaqueta de finales de los años sesenta y pantalones de vestir, sus piernas están flexionadas como si tuviera que hacer un movimiento muy rápido, y tiene la mano en el hombro de Shelley como si no se sintiera completamente cómodo con todo el montaje porque están muy cerca del borde. Una de las mejores partes de toda la imagen es que tanto Shelley como su padre llevan anteojos de sol. Los anteojos de Shelley son casi del mismo tamaño que los de su padre, y casi se puede oír la exuberancia en su voz ese día: *Sí, señor, yo también llevo anteojos de sol como mi padre.*

¿Tienes alguna foto favorita con tu padre? Si no la tienes, no pasa nada; estamos avanzando poco a poco. Estamos respirando la verdad de que Dios es nuestro Padre perfecto, desviando constantemente la mirada de nosotros hacia Jesús, que nos revela a Abba Dios.

Hago referencia a las fotos porque cuando miro esa foto de Shelley y su padre, veo mucho amor familiar, con certeza. Lo que también veo a lo grande es el modelaje. Cuando eres un niño miras a tu padre y haces las cosas que él hace. A veces te pones lo que él lleva, especialmente los anteojos de sol. Eso es lo que sucedió en esta instantánea. Todos somos producto de nuestro ADN y de lo que nos modelaron.

Shelley no está sola cuando se trata de querer hacer lo que hacía su padre cuando era niña; hay otra foto familiar que sacamos de vez en cuando para reírnos. Esta es mía. Soy un poco más joven, quizá dos años. Fue en Atlanta, Georgia, hacia 1960, durante una de las no tan frecuentes nevadas invernales. Estoy junto a un muñeco de nieve que construyó mi padre, pero no es un muñeco cualquiera. Ya te he dicho que mi padre era un loco con talento para el arte y el diseño, y único a la hora de ver el mundo. Un muñeco de nieve cualquiera son tres grandes bolas de nieve apiladas una encima de otra con palos como brazos, piedras como boca y ojos y una nariz de zanahoria. Pero no, este muñeco de nieve no.

Este muñeco de nieve parece una estatua de mármol. Mide metro y medio y está hecho de nieve perfectamente pulida. Sus brazos se integran perfectamente en el cuerpo, de modo que sus manos están entrelazadas por delante. Su cara parece un busto tallado de Tumnus, el fauno travieso de *El león, la bruja y el ropero*, de C. S. Lewis. Te garantizo que no hay otro padre en toda la ciudad de Atlanta que haya hecho a sus hijos un muñeco de nieve como ese.

Este es un gran motivo por el que he pasado toda mi vida haciendo cosas diferentes, un poco fuera de lo común. Cuando era pequeño y vi por primera vez ese muñeco de nieve, ¡esa cosa tan rara es lo que me pareció normal! Sobre todo, vi el trabajo de papá y quise hacer las cosas como papá.

Todos copiamos los comportamientos y las actitudes del corazón de nuestros padres, ¿verdad? Y más tarde en la vida, para bien o para mal, todos debemos confrontar lo que hemos llegado a emular. Si a tu padre le encantaba conducir a cuarenta y dos millas por hora en el carril rápido de la autopista, entonces lo más probable es que haya automóviles zumbando regularmente a tu alrededor cuando conduces. Esto no lo inventamos. Todos vimos características, manierismos, reacciones y patrones en nuestros padres terrenales, y muchos de esos comportamientos y actitudes encontraron su camino en nuestras vidas también. Adolescentes, ustedes pueden creer lo que quieran, pero el poder del ADN es fuerte. Y el modelado, de hecho, nos moldea.

Nuevos bloques de construcción

Aquí hay un giro: en Cristo has nacido dos veces, así que tienes un nuevo Padre a quien parecerte, y hay toda una nueva corriente de herencia que llega a ti. Eso significa, como ya hemos hablado, que tienes dos árboles genealógicos. También significa que tienes dos certificados de nacimiento. Uno es terrenal y el otro celestial. Uno marca la fecha y el lugar en que entraste a este mundo y el otro marca la fecha y el lugar en que pusiste tu fe en Jesucristo como el Salvador y Señor de tu vida. En el caso de este último, es el momento en que Dios te sacó de la muerte espiritual a la vida a través de tu fe en la obra consumada de Jesús en la cruz. Tu certificado de nacimiento espiritual anuncia que naciste de nuevo, que ahora y para siempre eres hijo o hija de Dios.

Lo vemos en el Evangelio de Juan, donde describe nuestro nuevo nacimiento de esta manera: «Pero a todos los que lo recibieron [a Jesús], les dio el derecho de llegar a ser hijos de Dios, es decir, a los que creen en Su nombre, que no nacieron de sangre, ni de la voluntad de la carne, ni de la voluntad del hombre, sino de Dios» (Juan 1:12-13).

Puede que sientas que no eres lo suficientemente bueno para ganarte el amor de Dios y merecer un lugar en su familia. O puede que te esfuerces, esperando que tus buenas acciones superen a las malas y que algún día te lleven al cielo. Olvídate de eso. Es inútil. Y Dios ya no cuenta tus pecados porque ya los puso sobre su Hijo inocente cuando murió en tu lugar en la cruz.

Ves, el poder del mensaje del evangelio es este: el pecado no te hace una mala persona. No, es mucho peor que eso. El pecado te hace una persona espiritualmente muerta. «La paga [resultado] del pecado es muerte» (Romanos 6:23). Y estar muerto es un gran problema porque las personas muertas no pueden hacer nada para ayudarse a sí mismas.

Por eso lo que Dios ha hecho por nosotros se llama ¡*buena noticia!* Jesús no dejó el cielo y murió en una cruz para hacer de las malas personas mejores personas. Dio su vida como sacrificio por nuestros pecados y resucitó para llevarnos de la muerte a la vida. El versículo continúa: «… pero la dádiva de Dios es vida eterna en Cristo Jesús Señor nuestro» (Romanos 6:23).

El amor de Dios estableció un plan de rescate para ti, no porque lo merecieras o te lo ganaras, sino por su gran amor por ti. «Miren cuán gran amor nos ha otorgado el Padre: que seamos llamados hijos de Dios. Y eso somos». (1 Juan 3:1). Eso es lo que somos, porque hemos nacido de nuevo como hijos e hijas de Dios.

El amor de Dios se describe aquí como *abundante*. No es fino como papel ni barato. Su amor no es endeble ni bañado en plata. Es oro macizo. Y hay suficiente de su amor para cada momento, para todos tus altibajos en la vida y para cada circunstancia que enfrentes.

Me encanta cómo Eugene Peterson describe el amor de Dios en su versión del salmo 36: «El amor de Dios es meteórico, su lealtad astronómica, su propósito titánico, sus veredictos oceánicos. Sin embargo, en su inmensidad nada se pierde; ni un hombre, ni un ratón se escapa por las grietas. ¡Oh, Dios, qué exquisito es tu amor!» (vv. 5-7, traducción libre de THE MESSAGE).

Hay algo más profundo que simplemente tener un nuevo certificado de nacimiento espiritual. Ahora también tienes el ADN espiritual de Dios. Cuando naciste físicamente, todo lo que obtuviste vino de tus padres terrenales. Tu nacimiento espiritual no se trata de recibir nada en absoluto de tu mamá y papá. Ellos pudieron haberte influenciado en tu fe, alentarte en tu entendimiento de Jesús, y mostrarte cómo era seguirlo. Cuando naciste de nuevo, todo lo que recibiste en tu nuevo yo, lo obtuviste de Dios.

Fíjate de nuevo en cómo llegamos a esto: «hijos [...] que no nacieron de sangre, ni de la voluntad de la carne, ni de la voluntad del hombre, sino de Dios» (Juan 1:12-13). Dios es nuestro Padre celestial perfecto. Y nosotros hemos nacido de Dios. Eso significa que tenemos un nuevo ADN espiritual, el ADN de Dios. Claro, todavía tengo el ADN de mi papá Louie y mi mamá Martha Jeane, y recibí algunos rasgos de carácter y fisiología de ellos. Alabado sea Dios, él me está dando nueva vida. He nacido de nuevo por el Espíritu de Dios, lo que significa que he recibido un nuevo ADN espiritual de Dios. Si lo has recibido y crees en su nombre, tú también posees este nuevo ADN. Este ADN espiritual trae nuevas dimensiones de estructura para tu carácter, para tus mecanismos de adaptación, para tus patrones de respuesta, nuevos bloques de construcción para tu alma.

Cuando recibimos este nuevo ADN espiritual, se abren posibilidades totalmente nuevas. Romanos 6:6-13 indica que nuestra vieja naturaleza fue crucificada junto con Jesús en la cruz para que nuestro viejo yo gobernado por el pecado pudiera ser eliminado. Nuestro ADN natural paterno sigue formando parte de nosotros, pero gracias a Cristo, ya no estamos atados a nuestra vieja naturaleza pecaminosa. Ya no somos esclavos del pecado. Jesús nos ha liberado del pecado, y estamos vivos para Dios en Jesucristo. Segunda de Corintios 5:17 nos llama «nuevas creaciones».

Eso no significa que nos volvamos divinos. No somos «pequeños dioses», y no somos iguales a Dios de ninguna manera. Sin embargo, la Biblia dice que Dios nos ha dado una nueva naturaleza. En realidad tenemos el Espíritu de Jesús viviendo dentro de nosotros (2 Corintios 13:5). Pablo dijo: «Ya no soy yo el que vive, sino que Cristo vive en mí» (Gálatas 2:20), y también lo describió así: «... de manera que Cristo habite por la fe en sus corazones» (Efesios 3:17).

Es una noticia fantástica para ti y para mí, porque significa que el efecto dominó de nuestro ADN humano, esas características particulares que constituyen la naturaleza pecaminosa, pueden romperse por el poder de la vida, la muerte y la resurrección del Hijo del Dios vivo. Lo viejo ha pasado. Una nueva vida ha comenzado. Somos hijos e hijas de Dios. Todo ha cambiado.

Detener el efecto goteo

Hay una cosa más que resulta de tu nuevo nacimiento en un cambio radical para tu futuro. Ya no eres esclavo del comportamiento que has visto modelado por tu padre (o madre). No eres esclavo de los pecados de tu padre. En Cristo, tienes el ADN espiritual del Dios todopoderoso entretejido en tu alma. Eso significa que *eres libre* para hacer lo que ves hacer a tu Padre celestial.

No importa qué tipo de relación hayas tenido con tu padre terrenal, si se te deja operar solo a partir de tu ADN natural, nunca vas a alcanzar tu pleno potencial como hijo de Dios. Claro, tendrás la ventaja de los buenos rasgos de tus padres, pero también sufrirás las consecuencias de sus defectos genéticos y de comportamiento.

Si eres una hija que nunca recibió un abrazo cariñoso de tu padre, es posible que hayas buscado ese abrazo en los brazos de muchos otros hombres. Si eres un hijo que vio a su padre luchar contra la ira o el alcohol o el porno o la infidelidad o la codicia o la falta de rumbo, es probable que en algún momento juraras que nunca serías como él en ese sentido. Sin embargo, años después, ves que las semillas de sus defectos intentan echar raíces en el suelo de tu vida.

El efecto dominó del pecado es fuerte, y las consecuencias de nuestras acciones no solo afectan a nuestras propias vidas.

Padres, hay mucho en juego en sus elecciones y los patrones que desarrollan. No solo están modelando actitudes y comportamientos para sus hijos; sino que también están transmitiéndoles los patrones de pecado que piensan que ellos no pueden ver. «El SEÑOR es lento para la ira y abundante en misericordia, y perdona la iniquidad y la transgresión; pero de ninguna manera tendrá por inocente al culpable; sino que castigará la iniquidad de los padres sobre los hijos hasta la tercera y la cuarta generación» (Números 14:18). Esto no significa que tú tengas que dar cuenta de las decisiones pecaminosas de tu padre. Y no significa que Dios esté deseando descargar sobre ti algo que tu padre hizo (o hace). El Señor no es así. Es lento para la ira y abundante en misericordia. El pecado tiene un efecto de goteo, corrompiendo a las generaciones venideras.

La traducción Reina Valera (RVR1960), y varias otras traducciones de la Biblia, traducen la última frase de Números 14:18 así: «... que visita la maldad de los padres sobre los hijos hasta los terceros y hasta los cuartos». La palabra *visitar* en este versículo tiene un significado simple y claro: que los pecados del padre tienen una manera de aparecer en las vidas de sus hijos. A veces la visita llega un día después, y otras veces, diez años más tarde. Sin embargo, en algún momento es probable que llamen a la puerta, y que el pecado de papá busque quedarse por un tiempo.

Por ejemplo, mi padre era un preocupado de calibre olímpico, ganador de medallas de oro. Así que, naturalmente, puedo ser propenso a preocuparme. Decir que nunca seré como él no dará resultado. Y eso es solo la punta del iceberg. Su depresión me ha buscado. Su soledad ha tocado a mi puerta más de una vez.

Eres un

hijo o una hija único, maravillosamente creado y amado por un Padre perfecto.

Al decir esto no estoy animándote ni a ti ni a mí a culpar lo que nos pasa a nuestros padres, ni a nadie. Ese enfoque de la libertad no funciona. Simplemente estoy diciendo que, nos guste o no, las actitudes, las acciones, las tendencias, los defectos y las elecciones pecaminosas y rebeldes de nuestros padres están haciendo todo lo posible en este momento para establecerse y obtener el control de nuestras vidas.

Aquí está la clave.

Insistir en lo negativo que hemos visto en nuestros padres terrenales solo sirve para reforzar los comportamientos o patrones que *no queremos* en nuestras vidas. Cada vez que pones esa vieja cinta de lo que hizo tu padre, jurando que nunca harás algo así, ¡estás ensayando una vez más la misma cosa que estás tratando de no hacer!

No voy a ser un adicto al trabajo. No voy a ser un adicto al trabajo. No voy a ser adicto al trabajo. No voy a ser adicto al trabajo. No voy a ser adicto al trabajo. Cuando dices «adicto al trabajo» se arraiga cinco veces más en tu psique. Subrayas cinco veces más en lo que no quieres convertirte.

Si no tenemos cuidado, también puede producirse el efecto contrario cuando declaramos: «Nunca hablaré así a mis hijos» o «Nunca levantaré la voz así» o «Nunca perderé el control cuando me enoje».

Y no lo hacemos. Dado que hemos acampado durante tanto tiempo en las cosas negativas en las que no queremos convertirnos, acabamos oscilando hacia el extremo opuesto en nuestro estilo de crianza. Nunca disciplinamos a nuestros hijos, ni creamos límites saludables, ni imponemos consecuencias cuando se rompen voluntariamente los límites. Por encima de todo, queremos gustar a nuestros hijos, así que convertimos nuestra promesa de no ser como nuestros padres en una excusa para no ser los verdaderos padres que nuestros hijos necesitan desesperadamente. El resultado puede ser niños que no pueden funcionar en un mundo de consecuencias y que no están seguros de que se les quiera de verdad.

Claro, en apariencia ningún niño quiere límites, pero sin límites es posible que se pregunten si realmente son valiosos para sus padres. Así que los niños se sienten inseguros en la vida porque no había barandillas, aunque en la mente de los padres tuvieron éxito. No levantaron la voz como su padre.

Verás, luchar contra lo negativo solo nos pone en la lona de lucha con lo que no queremos llegar a ser. Y es una lucha que no podemos ganar en nuestra carne.

Avivamiento interior

Debido a que esa lucha es imposible en nuestra capacidad natural, es que esta idea del nuevo nacimiento es tan revolucionaria. En verdad, los malos hábitos no se rompen, sino que se sustituyen por buenos hábitos. Los pensamientos negativos no desaparecen porque queramos. Desaparecen cuando son reemplazados por pensamientos buenos y positivos.

Esa es la belleza de poder vivir el potencial de nuestro nuevo ADN espiritual. No se nos deja intentar dinamitar el «viejo hombre» con nuestras propias fuerzas. Tenemos un renacimiento espiritual en nuestro interior, una nueva genética espiritual que influye en nuestra forma de pensar y de vivir.

La nueva norma para nuestras vidas que encontramos en Efesios 5:1 es esta: «Sean, pues, imitadores de Dios como hijos amados». Puedes realmente parecerte a las características de tu Padre celestial. La gente empezará a pensar: *Él se parece cada vez más a su Padre. Tiene la manera de relacionarse con la gente como su Padre.* La meta de Dios para tu vida no termina con el nacimiento espiritual. Su plan es verte crecer hacia la madurez espiritual. Él está encantado de que hayas nacido de nuevo. Su plan es que crezcas para llegar a ser una poderosa mujer de Dios o un poderoso hombre de fe. Y él sabe que puedes o nunca te hubiera hecho esta invitación.

En lugar de luchar contra la corriente de las viejas costumbres transmitidas por tu padre, puedes ensayar las nuevas costumbres que ves en tu Padre celestial. Intenta decir esto: *Voy a mejorar en tomar decisiones sabias. Voy a mejorar en tomar decisiones sabias. Voy a mejorar en tomar decisiones sabias. Voy a mejorar en tomar decisiones sabias. Voy a mejorar tomando decisiones sabias.* Cinco veces has reforzado en quién quieres convertirte. Estás reemplazando lo negativo con una nueva imagen de lo que Dios dice que puedes llegar a ser. ¿Por qué quieres hacer esto? Porque tu Padre es sabio, y su verdad te enseña a pensar como él piensa. Su Espíritu te da claridad y valor para tomar la decisión correcta en el momento oportuno.

Lo más natural del mundo es crecer para parecerte a tu padre terrenal (no es inevitable, como ya hemos comentado, porque los malos patrones se pueden romper). No obstante, así como los niños pequeños crecen para parecerse a sus padres, de la misma manera, tu Padre perfecto quiere que te acostumbres a la idea de crecer espiritualmente para parecerte a él. Puede parecer un listón muy alto desde donde estás parado, pero él sabe que es posible que crezcas y seas como tu Abba celestial. Eres libre del pasado y capaz de convertirte en quien Dios ha hecho que seas.

Eres libre

¿Recuerdas ese momento cuando Juan el Bautista sacó a Jesús del río Jordán después que lo bautizó y se oyó la voz desde el cielo? La voz no dijo: «¡Oigan todos, este es mi esclavo! Va a trabajar muy duro y va a hacer todo lo que yo necesito que haga».

No, el Padre dijo: «Este es Mi Hijo amado en quien me he complacido» (Mateo 3:17). Sí, Jesús iba a trabajar muy duro, e iba a cumplir todos los planes y propósitos de su Padre. Sin embargo, el Padre quería que ante todo supiera que era Hijo.

Lo mismo te sucede a ti. En Cristo ya no eres un esclavo de la vieja forma de vida; eres una hija o un hijo del Padre.

«Pues ustedes no han recibido un espíritu de esclavitud para volver otra vez al temor, sino que han recibido un espíritu de adopción como hijos, por el cual clamamos: "¡Abba, Padre!".
El Espíritu mismo da testimonio a nuestro espíritu de que somos hijos de Dios. Y si somos hijos, somos también herederos; herederos de Dios y coherederos con Cristo, si en verdad padecemos con Él a fin de que también seamos glorificados con Él». (Romanos 8:15-17)

Este es el beneficio del plan de rescate de Dios.

«Pero cuando vino la plenitud del tiempo, Dios envió a Su Hijo, nacido de mujer, nacido bajo la ley, a fin de que redimiera a los que estaban bajo la ley, para que recibiéramos la adopción de hijos. Y porque ustedes son hijos, Dios ha enviado el Espíritu de Su Hijo a nuestros corazones, clamando: "¡Abba!

¡Padre!". Por tanto, ya no eres siervo, sino hijo; y si hijo, también heredero por medio de Dios». (Gálatas 4:4-7)

Tu identidad es la de un hijo amado. Y eres libre. Piensa en algunas de las formas en que tu libertad te libera:

- Ya no eres esclavo del abandono que experimentaste cuando tu padre decidió que ya no quería formar parte de tu vida. Sucedió, pero no te define.
- Ya no eres esclavo del temor, inseguro sobre el futuro porque nunca sabías si tu padre iba a estar presente o no.
- Ya no eres esclavo de este tipo de pensamiento: *Ninguno de los hombres en nuestra familia ha sido fiel a su esposa, y tengo miedo de ser como ellos,* o *Mi papá nunca me enseñó cómo ser un buen hombre que ama a una mujer y temo de nunca ser capaz de encontrar a la persona correcta porque no sé lo que se supone que debo buscar.*
- Ya no eres esclavo del muro que has erigido para proteger tu corazón de un dolor adicional en caso de que tu padre no llamara, o apareciera, o se acercara, o se preocupara.
- Ya no eres esclavo del divorcio. Es real y vives su estela cada día, pero no dicta quién eres.
- Ya no eres esclavo del abuso o la adicción de tus padres o incluso de la tumba donde está enterrado tu padre.
- Ya no eres esclavo de la persona o el personaje que te has creado para intentar escapar del dolor de tu vida real; el alter ego que no es más que una

proyección al mundo: tú intentando convencerles y convencerte de que estás bien.

- Ya no eres esclavo del papel de único mediador y guardián de la paz entre tus padres, un papel que puedes haber desempeñado desde que eras pequeño.
- Ya no eres esclavo del adormecimiento del corazón al que te habías acostumbrado.
- Ya no eres esclavo de vivir la vida a una distancia emocional de todos los que te importan, temeroso de repetir los fracasos relacionales del pasado y el dolor que podría acarrear.
- Ya no eres esclavo del miedo, de esa sensación inminente de que el cáncer, un accidente o cualquier otro destino terrible te va a arrebatar a todos tus seres queridos.
- Ya no eres esclavo de la codependencia de ser lo que tu madre necesitaba cuando tu padre la abandonó a ella y a la familia.
- Ya no eres esclavo del pensamiento de que nunca serás lo suficientemente bueno.
- Ya no eres esclavo de la mentira de que no eres digno de amor.
- Ya no eres esclavo de las comparaciones.
- Ya no eres esclavo de la idea de que nunca tendrás el abrazo de un padre.

Tú, amigo mío, eres un hijo o una hija singularmente diseñado, maravillosamente creado y entrañablemente amado por un Padre perfecto. «En el amor no hay temor, sino que el perfecto amor echa fuera el temor» (1 Juan 4:18).

Todo esto es tuyo porque a través de Cristo naciste de nuevo. ¡Nacido como hijo de Dios con nuevos genes espirituales!

Estos genes espirituales están ahí en tu nuevo nacimiento, y en el próximo capítulo veremos cómo nos fortalecemos y cómo nos convertimos en hombres y mujeres que reflejan el latido del corazón de nuestro Padre al mundo.

Capítulo 10

Sean imitadores de Dios

El conocido autor y pastor Tim Keller subraya lo extraordinario que es tener a Dios todopoderoso como Padre:

> La única persona que se atreve a despertar a un rey a las tres de la mañana por un vaso de agua es un niño. Tenemos ese tipo de acceso.[11]

En cualquier momento puedes orar a tu Padre celestial y él te escuchará. Desde cualquier lugar de la tierra puedes acercarte al trono de los tronos. Con un suspiro puedes estar en conversación con Dios.

Veamos más de cerca la analogía del niño pequeño que puede despertar al rey. Sin duda, es una imagen conmovedora. Y un poderoso recordatorio de la proximidad que tenemos con Dios. Sin embargo, diez años después, cuando el niño ya es un adolescente, ¿querríamos que el niño de catorce años despertara al rey en mitad de la noche? Por supuesto que no.

Nosotros, y el rey, queremos que el adolescente maduro se sirva el vaso con agua para sí mismo, ¿verdad? Y tal vez otro para el rey.

Con el tiempo, querrás que ese niño aprenda las costumbres de la realeza, los modales de la casa, la capacidad de tomar decisiones administrativas, los asuntos de Estado, el decoro de la posición que la familia se ha ganado.

Veinte años más tarde, querrás ver a ese mismo niño, ahora un hombre, atendiendo a invitados de otras naciones, manteniendo conversaciones con madurez y aplomo, y mostrando un carácter y unas acciones que reflejen bien el nombre del rey.

El acceso que tenemos a Dios como hijos e hijas amados es increíble. Como hijos de Dios, el objetivo final es crecer en la semejanza de nuestro Padre celestial, es decir, crecer y reflejarlo.

Si la bendición de que Dios sea nuestro Padre fuera todo lo que hay en la relación, entonces podríamos terminar este libro aquí mismo. Hay más que simplemente recibir la bendición de ser hijos e hijas amados de Dios. Al final de la bendición viene una oportunidad y una responsabilidad fenomenales...

Se nos invita a modelar nuestras vidas según nuestro Padre celestial.

Más allá del puré de guisantes

Algunas personas nunca aprovechan esta increíble oportunidad. *Yo estoy bien con la bendición de ser un niño, gracias.* Tal vez ese sea tu caso. Eres amado. Eres aceptado. Dios está involucrado en tu vida. Así que tomas tu nueva identidad como hijo de un Padre perfecto y te sientas en ella. Te conformas con permanecer en la dichosa inocencia de ser sostenido como un bebé en los brazos del Padre, alguien que nunca asume la responsabilidad de crecer.

Espero que esa no sea tu forma de pensar. Dado que sigues leyendo, asumo que en realidad te llena de energía la perspectiva de madurar espiritualmente más allá de tu estado actual. Quieres vivir una vida que refleje al Padre que te ha colmado de su amor. No quieres ser uno de esos cristianos de los que Pablo escribió en 1 Corintios 3. Pablo se lamentó de que los creyentes se habían quedado como «niños en Cristo» (v. 1). Él quería darles alimento sólido espiritual, pero no estaban listos para ello. Solo podía darles leche porque todavía eran mundanos.

Qué triste es vivir en estas condiciones. Otros a tu alrededor crecen y se desarrollan, pero tú sigues teniendo la madurez de un bebé.

Imagina que todos tus amigos van a una parrillada en la playa. Puedes estar seguro de que habrá costillitas, salmón a la parrilla y los mejores platos de acompañamiento. Habrá discos voladores y la noche estará llena de risas e historias junto al fuego. Se te hará agua la boca con los aromas que emanan de la parrilla.

Sin embargo, hay un problema. ¡No tienes dientes!

Oye, amigo, ¿tienes guisantes hechos puré o algo que pueda comer de un tarro de comida para bebés?

¿Qué ridículo sería eso? Sin embargo, muchos hijos de Dios nunca han crecido en su fe. Todavía están en la infancia espiritual. No pueden caminar. No pueden masticar alimentos sólidos. No pueden resistir vientos fuertes de adversidad. No conocen la Palabra de Dios. No pueden ayudar a que otro crezca más fuerte en su fe.

Es estupendo cuando poseemos plenamente la bendición inicial de conocer a Dios como nuestro Padre perfecto. Luego se nos ofrece la bendición adicional y la oportunidad de crecer para parecernos y actuar como nuestro Padre celestial. Si simplemente nos quedamos en el nivel de la primera bendición, entonces nuestras vidas se estancan. Nos perdemos las bendiciones de convertirnos en adultos espirituales y aprovechar todo el potencial que se entreteje en nosotros en el momento del nacimiento espiritual.

Antes hemos desmenuzado el primer versículo de Efesios 5, pero profundicemos en él y sigamos leyendo. «Sean, pues, imitadores de Dios como hijos amados; y anden en amor, así como también Cristo les amó y se dio a sí mismo por nosotros, ofrenda y sacrificio a Dios, como fragante aroma» (vv. 1-2).

Sean imitadores de Dios. Dejemos que estas palabras calen hondo. Eso significa que debemos seguir el ejemplo de Dios. Debemos hacer lo que Dios hace. Debemos pensar lo que Dios piensa. Debemos preocuparnos como Dios se preocupa. Debemos poner nuestros pies en sus pasos. Debemos imitar a Dios, nuestro Padre celestial perfecto, de la misma manera que los hijos imitan a sus padres terrenales. Tenemos la responsabilidad y la oportunidad de crecer y parecernos y actuar como Dios.

Piénsalo desde la perspectiva de Dios. Dios nos está diciendo: «Quiero que continuamente moldees tu vida de tal manera que cada vez más te parezcas a mí, se te oiga como a mí, hables como yo, actúes como yo y pienses como yo».

Sed imitadores de Abba Padre

Quizá a primera vista pienses que esto es imposible —imitar a lo divino—, pero imitar a Dios no está fuera de nuestro alcance.

Dios no es cruel. No nos está lanzando un reto monumental que nunca podremos superar mientras él se sienta y se ríe de nosotros, sabiendo que nunca seremos capaces de lograr ese objetivo. No. Dios tiene algo mucho más grande en mente. Fíjate bien en el final del versículo dos. Dios dice: «Sean, pues, imitadores de Dios como hijos amados; *y anden en amor, así como también Cristo les amó*» (énfasis añadido).

Fíjate en la progresión de Efesios 5:1-2. Comenzamos nuestro crecimiento espiritual sabiendo que somos hijos muy amados, y luego pasamos de ahí a vivir una vida de amor. Y no se trata de un amor cualquiera, sino de entrar en el ritmo de amar como Cristo nos amó. Nuestro modelado según Dios no se basa en nuestro comportamiento. Él basa el fundamento de nuestro cambio espiritual en nuestra identidad como sus hijos amados.

En el versículo 1, las palabras *muy amados* son palabras de identidad para nosotros, palabras en las que descansar y empaparnos cada día de nuestra vida. ¡Somos *hijos amados*! Y una vez que tenemos en mente nuestra nueva identidad, debemos «andar en amor, como Cristo nos amó». Eso significa que debemos imitar a Dios haciendo lo que hizo Jesús. No empezamos a imitar a Dios decidiendo que un día vamos a ser más espirituales. No empezamos a imitar a Dios leyendo un libro de rasgos de carácter y tratando de darle nuevas formas a nuestros hábitos. Empezamos a imitar a Dios sabiendo que hemos nacido espiritualmente en una nueva relación con él, donde sabemos que somos sus hijos amados. A partir de ahí, miramos a Jesús. Vivimos una vida de amor tal como Jesús nos ama. Y, habiendo recibido su amor, buscamos reflejar ese amor a los demás.

Reflejar a Dios amando a los demás está al centro de la madurez espiritual. Colosenses 3:14 habla de que necesitamos «vestirnos de amor» casi como si fuera una chaqueta que debemos usar, y déjenme decirles, la vestimenta del amor funciona para cada evento al que necesitemos presentarnos. Sirve para la oficina, para el día a día, para el fin de semana y para la noche. Podemos dormir con ella. Podemos celebrar con ella. Podemos hacer ejercicio con ella. Podemos casarnos con ella. La prenda del amor es multiusos, y la prenda del amor está lista para usar.

De este modo permitimos que este amor guíe nuestra vida, o una todo en perfecta armonía. Digamos que hay alguien en tu vida a quien es muy difícil amar. Si no conoces a Dios, es fácil apartar a esa persona. Llegas a la conclusión de que esa persona es un imbécil, y aunque puede que seas educado con esa persona (o puede que no), no sientes la responsabilidad de amar a los imbéciles. Sin embargo, si eres un seguidor de Jesús, entonces estás llamado a amar a esa persona, y ese llamado puede ser difícil de vivir.

La clave de la madurez no es que hagas el esfuerzo tú solo y te esfuerces mucho por amar a la persona que es difícil de amar (o incluso de gustar). La clave es recordar tu nueva identidad como hijo amado de Dios, y proceder a partir de ahí. Dios te amó primero, incluso cuando no lo merecías, incluso cuando podrías haber sido un imbécil de primera clase. Y porque eres amado por Dios, puedes dejar que el amor de Dios fluya a través de ti y salga de ti hacia cualquiera que esté en tu vida. No vas a acaparar el amor de Dios, sino que lo compartirás.

Convertirnos en un canal de su amor

Al principio hemos introducido la imagen de estar bajo una catarata del amor de Dios. Enfoquémonos un poco más en ella.

Imagina que el amor de Dios se derrama sobre ti desde una enorme fuente fluvial elevada. Estás al pie de una catarata. Es la catarata más grande que jamás hayas visto. Estás bebiendo de este amor. Estás siendo lavado y hecho nuevo por este amor. Entonces el amor que sale de ti es como una tubería que lleva el agua de ti a todas las personas en tu vida. Estás vitalmente conectado a la fuente del río, y simplemente dejas que el agua fluya desde la fuente a la otra persona.

Al empezar con una nueva mentalidad: *Hay alegría, compasión, humildad y paciencia fluyendo en mi vida tan rápida y abundantemente que ni siquiera puedo intentar detenerlos. Todo lo que voy a hacer es levantar mis manos y adorar al Dios que está enviando esta catarata de amor. Nunca podré contenerlo ni guardarme esta bondad para mí. Quiero difundir este mismo amor a la gente dondequiera que vaya.*

Se dice que la gente herida hiere a los demás, pero también es cierto que las personas amadas aman a los demás. Las personas aceptadas aceptan a los demás. Y las personas bendecidas bendicen a los demás.

Por eso es tan importante permanecer bajo la corriente de la catarata que se arrolla sobre ti. Los sentimientos y pensamientos negativos del pasado pueden volver fácilmente a tu corazón y a tu mente, como también pueden resurgir las viejas creencias acerca de tu valor e importancia. El enemigo no te va a dejar entrar en esta nueva forma de vida sin una batalla. Él intentará llevarte de vuelta a los lugares de dolor y decepción una y otra vez. Va a tratar de convencerte de que no le importas a la gente y que no le importas a Dios.

Si el diablo logra que vuelvas a los viejos puntos de vista, puede detener el flujo de la abundante bendición de Dios. No, no puede impedir que Dios te ame, pero puede impedir que disfrutes de ese amor y lo reflejes a los que te rodean. Por eso es tan importante que actualices continuamente tu forma de pensar para que refleje la verdad de Dios.

Despojarse de lo viejo, vestirse con lo nuevo

¿Has notado que Efesios 5 comienza con la palabra «pues», una palabra que siempre se relaciona con algo dicho anteriormente? En este caso, «pues» se refiere a la exhortación que Pablo nos dio en el capítulo anterior. Allí se nos enseña: «… que en cuanto a la anterior manera de vivir, ustedes se despojen del viejo hombre, que se corrompe según los deseos engañosos, y que sean renovados en el espíritu de su mente, y se vistan del nuevo hombre, el cual, en la semejanza de Dios, ha sido creado en la justicia y santidad de la verdad» (4:22-24).

Ese «viejo hombre», al que debemos desechar, es el que éramos antes de seguir a Jesús. Nuestro viejo hombre está inclinado hacia la destrucción. Le encanta ser egoísta, lujurioso, iracundo e impaciente. El viejo hombre es guiado por nuestros deseos terrenales que falsamente prometen guiarnos hacia el bien, pero en realidad nos llevan hacia el mal. Así que es como si Pablo dijera: «Oye, ¿quieres llegar a ser maduro? Entonces debes darte cuenta de que tienes una nueva identidad. Ahora eres un hijo amado de Dios. Desecha tu vieja identidad, la que te hizo daño, y empieza a vivir de tu nueva identidad, el nuevo hombre. Tu nuevo yo ha sido creado para imitar a Dios en su justicia y santidad de la verdad, en su rectitud y compasión».

¿Lo has entendido? En Cristo has sido creado para imitar a Dios en su justicia y santidad de la verdad. ¡Vaya! Está ahí en blanco y negro. Crecer como nuestro Padre perfecto es lo más natural que podemos hacer.

Lamentablemente, hay una cepa de enseñanza en la iglesia —en realidad es más como un virus— que dice así: «Todos somos pecadores, y los pecadores van a pecar. Es lo que somos y lo que hacemos».

Si bien es cierto que todos seguimos teniendo la capacidad de pecar (¡nadie necesita convencerse de ello!), también tenemos la capacidad de seguir las huellas de nuestro Padre. Nacimos con una naturaleza puramente pecaminosa. Pero ahora, en Cristo, todo ha cambiado. Ya no se nos identifica simplemente como *pecadores*. Somos hijos de Dios, creados *para ser como Dios* en justicia (cosas rectas) y santidad (cosas que honran a Dios). En Cristo somos hechos justos, santos y nuevos.

Como tal, tu Padre te está guiando a cambiar tu forma de pensar. A despojarte de lo viejo y vestirte de lo nuevo. Vivir de esta nueva manera es tu oportunidad y tu responsabilidad. Así es como creces para poder dejar de comer puré de guisantes y empezar a comer filete a la parrilla.

La frase de Efesios 4, «sean renovados en el espíritu de su mente», es clave, porque nuestra transformación hacia la madurez espiritual no solo ocurre en nuestros corazones, sino también en nuestras mentes. Ser hechos nuevos es en última instancia la obra del Espíritu Santo en nuestras vidas; sin embargo, tenemos la responsabilidad de asociarnos con el Espíritu Santo en esta obra transformadora. Nuestra responsabilidad es introducir deliberadamente nuevos pensamientos en nuestras mentes. Nos convertimos en buenos pensadores, y no quiero decir que tengamos que ser muy inteligentes. Quiero decir que debemos arar y desyerbar nuestras mentes como se ara y desyerba la tierra de un campo sano.

Tal vez seamos propensos a tener pensamientos lujuriosos en la cabeza, o pensamientos de ira, o pensamientos abatidos. Ese es nuestro viejo hombre trabajando. Para llegar a ser espiritualmente maduros, tenemos que empapar nuestras mentes constantemente en las verdades de las Escrituras. Primera de Pedro 1:13 nos dice: «... preparen su entendimiento para la acción». En Salmos 101:3 nos alienta a que nos neguemos «a mirar cualquier cosa vil o vulgar» (NTV). Filipenses 4:8 nos desafía a concentrarnos «en todo lo que es verdadero, todo lo honorable, todo lo justo, todo lo puro, todo lo bello y todo lo admirable» (NTV). Isaías 26:3 promete perfecta paz a todos los que concentran sus pensamientos en Dios.

Así que el caso es lógico. Imitamos a Dios comprendiendo primero que nuestra identidad ha cambiado, y que ahora somos hijos de un Padre perfecto. Aprendemos a imitar a Dios recibiendo el amor de Cristo en nuestras vidas y luego dejando que este amor fluya a través de nosotros hacia otras personas. Crecemos aprendiendo a reflejar a Dios despojándonos de nuestro viejo hombre, corrompido por las cosas que nos hacen daño, y vistiéndonos de nuestro nuevo hombre.

Adoptar nuestra identidad del «nuevo hombre» es clave. Como hablamos anteriormente, cuando somos salvos a través de la fe en Jesús, se nos da un nuevo ADN espiritual. Nuestro espíritu es despertado a un nuevo tipo de vida. Nacemos de nuevo. Y como somos hijos nacidos de Dios, ahora tenemos su ADN espiritual. Vuelvo a repetir, esto no significa que nos convertimos en «pequeños dioses». Significa que tenemos la vida de

Dios dentro de nosotros. Imitamos a Dios convirtiéndonos en la boca de Dios, los ojos de Dios, los oídos de Dios, las manos de Dios, los pies de Dios, el corazón de Dios, los pensamientos de Dios, la compasión de Dios, la justicia de Dios, el amor de Dios. Así es como maduramos. Así es como crecemos.

¿Recuerdas a la tía que apareció en Acción de Gracias y declaró que empezábamos a parecernos a mamá o a papá? Algo parecido ocurre en nuestra vida espiritual. Los viejos hábitos desaparecen y son sustituidos por los buenos. Aprendemos a dejar de lado las cosas dañinas. Aprendemos a abrazar las cosas útiles que son buenas para nosotros. Muy pronto alguien viene a nuestra puerta, alguien a quien no hemos visto en mucho tiempo. Esa persona está a nuestro alrededor un rato y no puede evitar exclamar: «Oye, has cambiado mucho. Ya no estás tan enojado como antes. Pareces menos deprimido. Ya no bebes como antes».

Con el tiempo, esperamos que digan: «Vaya, como has crecido espiritualmente. ¡Empiezas a parecerte cada vez más a tu Padre celestial!».

Participar en lo divino

Este proceso de maduración espiritual se describe a menudo con la palabra *discipulado*. Esa palabra indica que a medida que nos convertimos en seguidores de Jesús, imitadores de Dios, nos convertimos en discípulos de Jesús, personas que permanecen conectadas a él, que van donde él va y que hacen lo que él hace. Uno de los versículos centrales que nos señala este camino del discipulado es 2 Pedro 1:3: «Pues Su divino poder nos ha

Dios ha atravesado
cielo y tierra

para llegar a ti.

concedido todo cuanto concierne a la vida y a la piedad, mediante el verdadero conocimiento de Aquel que nos llamó por Su gloria y excelencia».

Tenemos todo lo que necesitamos para una vida piadosa. Su poder divino nos lo ha dado todo. ¡Absolutamente todo! Tal vez no hemos aprendido a utilizar todo al máximo. Las piezas que funcionan ya están en su lugar. Gracias a nuestro nuevo nacimiento, Cristo vive dentro de nosotros, como dice en Colosenses 1:27: «Cristo en ustedes, la esperanza de la gloria». Tenemos todo lo que necesitamos para la piedad. Tenemos a Cristo.

Leemos además en 2 Pedro 1:4: «Por ellas Él nos ha concedido Sus preciosas y maravillosas promesas, a fin de que ustedes lleguen a ser partícipes de la naturaleza divina, habiendo escapado de la corrupción que hay en el mundo por causa de los malos deseos».

Vaya. Mira esta frase: «... lleguen a ser partícipes de la naturaleza divina». Este es nuestro nuevo ADN espiritual en acción. Gracias a nuestro nacimiento espiritual, podemos participar de la naturaleza divina de Dios. Poseemos una nueva composición genética espiritual dentro de nosotros. Eso nos ayuda a encaminarnos a ser imitadores de Dios, porque la vida de Dios fluye a través de nosotros. Jesús es «espíritu que da vida» (1 Corintios 15:45). El Espíritu Santo cambia nuestros corazones (Romanos 2:29). Nos dio vida juntamente con Cristo (Efesios 2:4-5) y, gracias a él, «ahora sí que vivimos» (1 Tesalonicenses 3:8).

¿Te ha quedado claro? Puede ser más fácil pensar en el proceso del discipulado en pasos, aunque el discipulado no es tanto un proceso paso a paso como una relación vivida en tiempo real. A medida que caminamos con Dios, él nos muestra cómo vivir de verdad. Sin embargo, para aquellos de nosotros a los que nos gustan las cosas establecidas, permítanme ofrecerles tres hitos en el camino hacia la madurez espiritual. Tres pasos en el camino del discipulado. A medida que imitamos a Dios, a medida que crecemos para parecernos a nuestro Padre celestial, estos son los indicadores que buscamos. Estas son las cosas que debemos esperar ver en nuestras vidas. Convenientemente, estos tres marcadores:

1. Despertamos

Despertamos a *quiénes* somos y *de quién* somos. Cuanto más maduramos espiritualmente, más nos recordamos constantemente la verdad de nuestra nueva identidad. No somos meros seguidores de creencias acerca de Dios; tenemos una nueva esencia gracias a nuestra nueva relación con él. Él es nuestro perfecto Padre celestial, y nosotros somos sus hijos amados.

¡Esa es nuestra identidad!

La comprensión de nuestra nueva identidad lo cambia todo para nosotros. Por naturaleza, no somos peregrinos espirituales perdidos. No somos simples feligreses. No intentamos ser bienhechores. No somos meros pecadores mejorados. Lo que somos ahora en el fondo es esto: hemos nacido de Dios. Él es nuestro Padre perfecto. Hemos recibido a Cristo y creemos en su nombre. Nos apoyamos en la verdad de que Jesucristo es el sacrificio por nuestros pecados. Él es el Salvador del mundo, el dador de vida, el sanador de vida, el transformador de vida, el libertador y el redentor. Al comprender esta nueva identidad, se nos da la oportunidad y la responsabilidad de crecer para parecernos a nuestro Padre celestial. Debemos recordarnos constantemente nuestra nueva naturaleza, nuestro nuevo ADN. Cuanto más avanzamos en nuestro caminar cristiano, más nos parecemos, actuamos y sonamos como nuestro Padre celestial.

Es como despertar después de haber estado dormidos, donde vagábamos en una pesadilla de extravío. Cuanto más despertamos a quiénes somos y de quién somos, más observamos constantemente a nuestro Padre. Le escuchamos. Le observamos trabajar. ¿Por qué? Porque en nuestra nueva vida despierta queremos vivir como él. Y mientras imitamos a nuestro Padre, él nos forma y nos enseña constantemente. Es una calle de doble sentido. Dios participa en nuestras vidas y nos dice: «Déjame mostrarte cómo hacerlo». Nos está mostrando cómo ser imitadores de él.

2. Aceptamos

La segunda señal de madurez espiritual es que aceptamos las implicaciones y posibilidades de nuestra nueva composición genética. Una cosa es creer en Jesús, reconocer que Dios es nuestro perfecto Padre celestial y que somos hijos amados de Dios, y otra cosa es vivir esas realidades.

Si verdaderamente estamos viviendo a la luz de nuestra nueva identidad, entonces nuestras vidas cambiarán, y nos inclinaremos hacia ese cambio en conjunción con el poder del Espíritu Santo obrando dentro de nosotros. Por gracia, caminaremos deliberadamente en esa nueva dirección con nuestras mentes, corazones, voluntades y todo nuestro ser. Nos despojamos del viejo hombre y nos vestimos del nuevo, y ya no toleraremos el hedor del pecado en nuestras vidas.

Con demasiada frecuencia, aunque seamos creyentes, desarrollamos una cómoda tolerancia de nuestras viejas costumbres. Caminamos con miedo o vergüenza o pecado no confesado, y nos quedamos así. Como hijos amados de Dios, depende de nosotros gritar ¡*Basta!* a las viejas formas de vivir. Por fe, podemos reclamar la luz de Cristo para que guíe nuestros caminos. Ya no debemos conformarnos con una vida de segunda clase. Queremos vivir de verdad, en nombre de Jesús. Por eso, «despojémonos también de todo peso y del pecado que tan fácilmente nos envuelve, y corramos con paciencia la carrera que tenemos por delante, puestos los ojos en Jesús, el autor y consumador de la fe, quien por el gozo puesto delante de Él soportó la cruz, despreciando la vergüenza, y se ha sentado a la diestra del trono de Dios» (Hebreos 12:1-2).

Con el tiempo, aprendemos a no hacer nada separados de Cristo (Juan 15:5). Permanecemos en él; moramos en él; nos mantenemos cerca de él, porque aprendemos que si no lo hacemos, nuestras vidas son un desastre. Aprendemos que Dios nos ha dado recursos ilimitados, como nos dijo Pedro: «todo cuanto concierne a la vida y a la piedad». En él, somos enriquecidos en todos los sentidos (1 Corintios 1:4-5), y gracias a Dios, somos bendecidos abundantemente, «a fin de que teniendo siempre todo lo suficiente en todas las cosas, [abundemos] para toda buena obra» (2 Corintios 9:8). Simplemente aceptamos la abundancia.

3. Adoptamos

El tercer marcador de la madurez espiritual es que estamos llamados a adoptar el comportamiento y el carácter de Dios. Tomamos su ejemplo. Esto significa que seguimos su modelo, lo copiamos, lo emulamos, lo imitamos, nos hacemos eco de él, lo reflejamos. Lo imitamos y lo volvemos a imitar. Cuando un actor se prepara para interpretar el papel de un personaje histórico, estudia a ese personaje: cómo se movía, cómo gesticulaba, sus expresiones, sus valores. Miran cualquier película que pueda existir de esa figura. Leen todo lo que han escrito. A través de la estrecha relación que tenemos con Dios por medio de Cristo, estudiamos constantemente cómo trabaja y se mueve Dios, y luego le estudiamos un poco más. El cambio no se produce de golpe. Ocurre poco a poco a través de la veracidad de nuestro caminar con él.

Esta progresión en realidad nos quita presión, sabiendo que nuestras vidas se transforman poco a poco. No aprendemos de nuestros padres terrenales de golpe, y nuestro Padre celestial tampoco espera que lo entendamos todo de inmediato. En nuestro caminar espiritual, crecemos «en la gracia y el conocimiento de nuestro Señor y Salvador Jesucristo» (2 Pedro 3:18). La palabra clave es *crecer*. Y el crecimiento es gradual.

Del mismo modo, Pablo nos dijo: «Reflexiona sobre estas cosas; dedícate a ellas, para que tú aprovechamiento sea evidente a todos» (1 Timoteo 4:15). La palabra clave es *aprovechamiento*. Al convertirnos diligentemente en imitadores de Dios, nos entregamos de todo corazón a las posibilidades de nuestra nueva composición genética; nos desarrollamos genuinamente en nuestra madurez espiritual. Avanzamos.

El escritor de Hebreos nos dice que dejemos «las enseñanzas elementales acerca de Cristo, avancemos hacia la madurez» (Hebreos 6:1). Esto implica una madurez espiritual constante y deliberada. No una madurez inmediata, sino un crecimiento definido y gradual.

Santiago habla de cómo una fe probada produce perseverancia, y de cómo la perseverancia debe tener «su perfecto resultado, para que sean perfectos y completos, sin que nada les falte»

(Santiago 1:4). De nuevo, ese pasaje implica un proceso que no ocurre de golpe. Observamos. Practicamos. Cometemos errores, nos levantamos, nos sacudimos y seguimos adelante.

Hay otra foto familiar que me gustaría compartir contigo. Es una en la que estoy con mi padre en Fort Walton Beach, Florida, de vacaciones. Papá y yo estamos sosteniendo los peces que (él) había pescado, y somos una copia exacta el uno del otro. Yo tengo unos diez años y llevo mi camiseta de fútbol y mi pantalón de baño favoritos, pero lo que me parece especialmente interesante es que papá y yo estamos parados de la misma forma. Estamos sujetando el pescado de la misma manera. Todo en nuestras posturas es idéntico, excepto que él es claramente mi padre y yo soy claramente su hijo.

Lo curioso es que nadie nos dijo que posáramos así para la foto. Quienquiera que estuviera sosteniendo la cámara simplemente dijo: «Vaya, vamos a tomarles una foto con el pez que acaban de pescar», o algo por el estilo, y los dos adoptamos la misma pose automáticamente.

Hay tanta buena imitación envuelta en esa foto. Claro, el proceso de aprender a pescar llevaba su tiempo. Papá tenía que enseñarme cómo cebar un anzuelo, dónde tirar el sedal, cómo lanzarlo, cómo enrollarlo. Y luego tenía que desenredar pacientemente el sedal cuando yo lo volvía a enredar. No sé cuántas veces habíamos pescado juntos mi padre y yo antes de que nos tomaran esa foto. Poco a poco, fui aprendiendo a imitar a mi padre, día tras día. Papá se empeñaba en enseñarme, y yo me empeñaba en aprender de él.

En nuestras vidas espirituales, esa fotografía es un gran recordatorio del proceso del discipulado en acción. Nuestro Padre celestial nos enseña a descubrir quiénes somos en él. Él es nuestro Padre perfecto, y nosotros somos sus hijos amados. El proceso comienza con nuestro nacimiento, nuestro nuevo nacimiento. Y luego, poco a poco, crecemos en la misma semejanza de Dios.

No sé qué clase de padre terrenal tuviste, pero sé que Dios ha atravesado cielo y tierra para llegar a ti. Y sé que si quieres uno, la realidad de un Padre perfecto puede ser tuya. Es mi oración que tus ojos estén abiertos para verlo como realmente es, y que tu corazón lata rápido sabiendo que sus ojos están puestos en ti y que su corazón es para ti. Su bendición es plena y gratuita. La catarata está derramando bondad hoy. Sus genes espirituales te han recreado y su mano está presente para guiarte. Puedes dar tu siguiente paso como una hija amada —un hijo amado— del Padre perfecto.

Tu nueva historia acaba de empezar

Al llegar al final de este libro, mi oración es que estés sintiendo un cambio en tu visión de Dios y que con nuevos ojos espirituales estés viendo que no estás abandonado y que nunca lo estarás. Que veas a Dios como un Padre bueno y digno de confianza, el Padre perfecto que siempre has anhelado. Y espero que veas este libro como una carta del cielo, que te llega justo donde estás con la promesa de una nueva forma de vida.

Quizá pienses: *Ojalá hubiera oído esta verdad hace años. Habría cambiado mi vida.*

Pero la belleza es que lo estás escuchando ahora, y tu vida está cambiando a medida que el amor de Dios explota en tu corazón, derribando muros que construiste para protegerte y construyendo confianza y fe en un Dios que está a tu favor. Un Dios que no te dejará atrás.

¿Recuerdas a Tomás, el discípulo de Jesús? Formó parte del círculo íntimo de Jesús mientras realizaba milagros, daba enseñanzas asombrosas y se desplazaba de pueblo en pueblo, invitando a la gente al reino de Dios. Si recuerdas a Tomás es probable que lo primero que pienses de él es que es el conocido como «Tomás el Dudoso».

Si no has oído hablar de Tomás, él recibe esa descripción porque se perdió el momento en que Jesús se apareció a los discípulos después de su resurrección. En esa ocasión trascendental Tomás no estaba presente. Cuando le contaron lo que había sucedido —que Jesús apareció y les mostró todas las cicatrices de la crucifixión en sus manos y costado— Tomás no lo creyó. Tal vez Tomás estaba frustrado por habérselo perdido, teniendo el último caso de FOMO (temor a perderse algo, por sus siglas en inglés). O tal vez era como algunos de nosotros: necesitaba más pruebas antes de poder afirmar con seguridad que Jesús estaba vivo.

Sea como fuere, Jesús no iba a dejar atrás a Tomás. En una segunda ocasión, Jesús se apareció al mismo grupo en el mismo lugar. Esta vez Tomás estaba allí.

«Ocho días después, Sus discípulos estaban otra vez dentro, y Tomás con ellos. Estando las puertas cerradas, Jesús vino y se puso en medio de ellos, y dijo: "Paz a ustedes". Luego dijo a Tomás: "Acerca aquí tu dedo, y mira Mis manos; extiende aquí tu mano y métela en Mi costado; y no seas incrédulo, sino creyente". "¡Señor mío y Dios mío!", le dijo Tomás. Jesús le dijo: "¿Porque me has visto has creído? Dichosos los que no vieron, y sin embargo creyeron"». (Juan 20:26-29)

Dos cosas me llaman la atención al leer este encuentro entre Jesús y Tomás. Una, Jesús regresó por segunda vez. Jesús no dijo en su primera aparición: *Bueno, que pena que mi amigo Tomás no esté aquí. Conociéndolo, necesitará los hechos y le costará creer que estoy vivo con tan solo lo que ustedes le dicen. ¡Qué pena! Quizá se quede atrás.* No. Jesús quería que Tomás estuviera en la historia de su resurrección, así que se las arregló para organizar otra visita cuando supiera que Tomás estaría allí.

La otra cosa que destaca de este encuentro entre Jesús y Tomás es la invitación de Jesús: «Acerca aquí tu dedo, y mira mis manos». Jesús invitó a Tomás a meter el dedo en la misma cicatriz donde días antes los clavos habían atravesado su cuerpo. Jesús sabía que, para seguir adelante, Tomás tenía que dejar de insistir en sus dudas y empezar a insistir en las cicatrices de Jesús, en el lugar donde había sido herido por todos nosotros.

De la misma manera ahora has descubierto que Dios quiere ser tu Padre perfecto y no quiere seguir adelante sin ti. Y has visto que él sanará tus heridas cuando vincules tu libertad a las heridas sanadas de Jesús.

Me doy cuenta de que la obra de restauración de Dios lleva tiempo, y soy consciente de que las cosas entre tu padre y tú podrían no cambiar para mejor. Sin embargo, no hay vuelta atrás. Eres amado y lo sabes. Eres libre, y no hay nada que temer. Dios ha comenzado una nueva obra en tu corazón, y no se detendrá ahora.

Sé que he compartido muchas historias sobre mi relación con mi padre en este libro, pero permíteme compartir una cosa más. Aunque la vida con mi padre distaba mucho de ser perfecta, sé que estaba orgulloso de mí.

Unos años después de su incapacidad, y más de una década después de aquella incómoda conversación enfrente de la estufa de la cocina cuando le dije a mi padre que iba a ser predicador, ocurrió algo impactante. Shelley y yo vivíamos en Texas, pero me habían pedido que hablara en mi iglesia natal, la First Baptist de Atlanta, nada menos que el Día del Padre.

En muchos sentidos, esa oportunidad fue la realización de mi llamada de hace tantos años. La noche del domingo en que compartí con la iglesia mi respuesta a la llamada de Dios a mi vida, caminé por el pasillo de esa misma iglesia. Mi padre no estaba allí esa noche, pero vino esta mañana del Día del Padre. Mamá lo tenía vestido muy elegante, como de costumbre, y su silla de ruedas estaba estacionada junto a ella al final de un banco, unas ocho filas más atrás y justo debajo del voladizo del balcón que rodeaba el santuario. Estaba nervioso, como pueden imaginar, predicando para el legendario Charles Stanley y ante varios miles de personas. Además, «Big Lou» estaba entre el público. Nunca me había oído hablar en ningún sitio, así que era un gran acontecimiento.

No miré mucho en su dirección durante mi mensaje, pero me alegré mucho de que estuviera allí. ¿Y mencioné que estaba *nervioso*? Curiosamente, estaba predicando un mensaje similar al de este libro, sobre Dios como Padre perfecto. Terminé el mensaje y al final del servicio me paré cerca del frente y estreché algunas manos mientras la gente empezaba a salir del santuario. Casi todos me dijeron que había hecho un buen trabajo y que se alegraban de tenerme de vuelta.

Entonces vi a mi padre. Él y mamá también habían estado rodeados de gente, sobre todo teniendo en cuenta que ella era un pilar en la iglesia antes de desaparecer en las sombras como cuidadora a tiempo completo de papá, y que mi padre no había cruzado las puertas desde mucho antes del inicio de su enfermedad. Me acerqué a ellos y mi padre alargó la mano para estrechármela. Me miraba con sus penetrantes ojos azules y mostró esa sonrisa suya que haría que cualquiera se sintiera como un millón de dólares.

Creo que conseguí decir: «Me alegro mucho de que hayas venido», aunque estaba más que ahogado por la emoción.

«¡¿Estás bromeando, Ace?!», dijo. «¡Eso ha sido lo mejor que he escuchado!».

Tenía el corazón en la garganta.

Sabía que no estaba siendo amable. Me di cuenta de que lo decía en serio. Papá vio el don que Dios había puesto dentro de mí. Me vio haciendo lo que hace arder mi corazón. Podía sentir la obra de Dios a través de las palabras que yo compartía. Y supongo que por un momento sintió que había un Padre arriba que no era solo una versión más grande del que lo había abandonado, sino un Padre real, verdadero y perfecto que se preocupaba por él.

Todo el dolor de nuestro incómodo intercambio en la cocina se evaporó, y sentí la bendición de mi padre sobre mí y mi vocación. Dios había ganado. Aquel día se apuntó una victoria. Su promesa de restaurar a los padres y a sus hijos se estaba cumpliendo en tiempo real. Como resultado, aunque hace décadas que se fue, sé que mi padre está orgulloso de mí, incluso como predicador, y llevo esa afirmación conmigo hasta el día de hoy. Nuestra historia no terminó con una conversión radical de mi padre. Gracias a Dios, aún hubo tiempo para que él me bendijera y yo le bendijera a él.

Me doy cuenta de que el momento decisivo de recibir la bendición de tu padre terrenal no es posible para todos. Sin embargo, confío en que Dios pondrá personas en tu vida que afirmarán que lo que él te ha estado enseñando acerca de sí mismo es verdad. Eso no quiere decir que necesitemos a alguien más para validar la Palabra de Dios. No la necesitamos. Dios tiene una manera de usar el cuerpo de Cristo, la iglesia

que nos rodea, para ayudarnos a conocer la plenitud de su amor.
Pablo escribió:

«Por esta causa, pues, doblo mis rodillas ante el Padre de nuestro Señor Jesucristo, de quien recibe nombre toda familia en
el cielo y en la tierra. Le ruego que Él les conceda a ustedes,
conforme a las riquezas de Su gloria, el ser fortalecidos con
poder por Su Espíritu en el hombre interior; de manera que
Cristo habite por la fe en sus corazones. También ruego que
arraigados y cimentados en amor, ustedes sean capaces de
comprender con todos los santos cuál es la anchura, la longi-
tud, la altura y la profundidad, y de conocer el amor de Cristo
que sobrepasa el conocimiento, para que sean llenos hasta la
medida de toda la plenitud de Dios». (Efesios 3:14-19)

Tal vez tu padre terrenal no está interviniendo con un milagroso cambio de corazón y el deseo de bendecirte. O tal vez
quiere hacerlo pero no sabe cómo. Dios es capaz de llenar los
vacíos dejados por nuestros padres terrenales.

Recuerda, Dios es el único que devuelve lo que el enemigo
ha robado. Él está restaurando lo que se ha perdido y orques-
tando para ti una historia de gracia vencedora. Con seguridad,
en algún lugar a tu alrededor, él ha colocado un mensajero en
su cuerpo con una «carta del cielo» recordándote que tu Padre
celestial te ama, te aprecia y nunca te dará la espalda.

No estoy sugiriendo que un sobre con una estampilla pe-
gada vaya a bajar flotando del cielo, sino más bien que Dios
tiene una manera de poner personas en nuestras vidas como
expresiones tangibles de su amor. Incluso si no lo hiciera, todavía tenemos suficiente verdad sobre su bendición para vivir

libres como sus hijos e hijas. Es probable que haya un amigo, familiar, entrenador, maestro o compañero de trabajo que esté reflejando el amor de Dios en su camino. A menudo esa persona es el instrumento de Dios para animarte a que mantengas tus ojos en él y nunca renuncies a sus promesas, a que siempre recuerdes tu nueva identidad en Cristo y permanezcas anclado en su Palabra.

Con ese fin —el fin de que nunca olvides en quién te has convertido en Cristo— me he detenido y he orado por ti una y otra vez. Cada dos días mientras he estado escribiendo este libro algo me ha sido mencionado, una historia me ha sido contada, confirmando que este mensaje del Padre perfecto es el que Dios quiere que comparta ahora mismo. Sé que Dios está haciendo todo lo posible para que el mensaje de su bendición llegue a ti. Tu adversario, el diablo, también está trabajando arduamente para mantenerte abatido, desesperanzado y solo. Así que he estado orando, escribiendo y orando un poco más.

Y entonces Dios dejó caer una *carta real* en mis manos que me hizo saber una vez más que él está íntimamente involucrado y que este libro está aterrizando en las manos adecuadas en el día correcto.

Cuando faltaban pocos días para la entrega del manuscrito de este libro, me disponía a compartir una versión resumida de lo que escribí en estas páginas durante la sesión inaugural de nuestra conferencia anual Passion. Mi corazón ya estaba conmovido por el mensaje de la paternidad, dado que durante el último año había estado escribiendo las palabras de estas páginas sobre los recuerdos de mi padre. Ese proceso me hizo pensar mucho en mi árbol genealógico y darme cuenta de que sé muy poco sobre él.

Mi deseo de saber más sobre mis orígenes y mi familia se acentuó aún más unas semanas antes del momento que les cuento, el día que preparaba el mensaje para dar en Passion, cuando murió Bobby, el primo hermano de mi padre, y me pidieron que hablara en el funeral. Aunque no habíamos estado especialmente unidos, tuve el honor de compartir en su funeral, al que asistieron unas cuatro docenas de personas, algunos eran Giglios, otros no. Aquel día salí del cementerio decidido a saber más del padre de mi padre y de su padre.

Dos semanas más tarde, la tarde anterior a la sesión inaugural de la conferencia Passion, estaba en mi mesa revisando por última vez las notas del mensaje. Sobre mi mesa había tres tarjetas y cartas sin leer de varios familiares que habían asistido al funeral de Bobby. Las tres tarjetas habían llegado por correo ese mismo día.

Las abriré cuando acabe Passion, pensé, *cuando mi mente esté despejada y pueda leerlas con cuidado.*

Entonces un empujoncito me animó a leerlas justo en ese momento. Una era del hijo de Bobby y la otra de su hermana mayor.

La última carta era de su mujer, que por motivos personales no pudo asistir al funeral. En su nota me recordaba que hacía varios años Bobby me había enviado una pila de investigaciones que había hecho sobre nuestra historia familiar, incluida información sobre mi bisabuelo Vito, que había vivido y muerto en Atlanta.

Volví a leer la frase, con los ojos recorriendo cuidadosamente las palabras: «incluyendo la información sobre mi bisabuelo Vito, que había vivido y muerto en Atlanta».

¿¡QUÉ!?

¿Qué estás diciendo? pensé para mis adentros.

¿¡Mi bisabuelo vivió en Atlanta!?

¿Por qué no lo supe?

¿Por qué mi padre nunca me habló de su abuelo Vito?

¡Esto es una locura!

De repente recordé que, de hecho, había recibido un paquete de fotos y otros recuerdos de Bobby hacía unos años, pero que había llegado más o menos cuando nos estábamos mudando y, por desgracia, acabó sin abrir en un cajón de mi estudio. Me levanté de la silla y busqué el cajón. Encontré el sobre justo donde pensaba que estaría.

Mi corazón estuvo a punto de estallar durante la media hora siguiente mientras revisaba documentos, fotografías y genealogías manuscritas sobre mi familia. Descubrí que mi bisabuelo, del que nunca había oído hablar a mi padre, vivía en mi ciudad —en Atlanta—, murió a un kilómetro y medio de donde yo nací y fue enterrado a veinte minutos en automóvil de donde yo estaba sentado en mi escritorio.

¡Vaya!

Agrega a esta nueva revelación sobre mi abuelo la línea en su carta que subrayó la razón por la que quería asegurarse de que recordara el paquete de información que Bobby envió y que supiera acerca de mi bisabuelo. Escribió: «Nuestros padres son muy importantes para transmitir la bendición». Me quedé estupefacto.

La esposa de Bobby no sabía que yo estaba escribiendo este libro, ni que me preguntaba por mi árbol genealógico, ni que estaba a punto de dar una charla sobre la bendición del padre a cuarenta mil jóvenes de dieciocho a veinticinco años. Sin embargo, mi Padre celestial lo sabía todo. Y él quería que yo supiera que él estaba por mí. Mi Padre perfecto quería asegurarse de que estuviera seguro mientras daba la charla la noche siguiente de que estaba en el camino correcto y que él estaba conmigo.

Cuando terminó la conferencia, me dirigí al cementerio donde está enterrado Vito Giglio. En un pequeño terreno vallado había una capilla de una sola habitación rodeada de unas cuantas docenas de tumbas. Al final encontré la lápida de mi bisabuelo. No había ningún otro nombre de Giglio.

Dios, en su bondad, me había vinculado aún más a la historia de mi pasado. Entonces me di cuenta de algo aún más profundo al percibir el sonido constante de los aviones a reacción que sobrevolaban. Mi bisabuelo Giglio está enterrado en la trayectoria de vuelo del aeropuerto de Atlanta, un aeropuerto del cual he salido cientos de veces a lo largo de mi vida. Muchos de esos despegues o aterrizajes me llevaron sobre la tumba de un pariente que ni siquiera sabía que estaba allí. Había sobrevolado la tumba de Vito sin saberlo.

¡Guau! otra vez.

Dios quería que yo supiera que él estaba más cerca de lo que yo podía imaginar. Que él siempre había estado allí.

Y él siempre ha estado cerca de ti.

Tu Padre celestial sabe todo por lo que estás pasando. Él ha estado allí en cada paso del camino. Él no va a terminar la historia de tu recién descubierta relación «Padre perfecto e hijo amado» donde está comenzando hoy. Él va a continuar sanando lo que ha sido dañado en esta tierra y abrirá tus ojos para que veas cuán asombrosamente hermoso es él y cuán amado eres por él. Ten la seguridad de que «el que comenzó en ti la buena obra, la perfeccionará hasta el día de Cristo Jesús» (Filipenses 1:6).

Tu confianza en Dios no tiene por qué basarse en si te entregan o no una carta como la que yo recibí. Hay suficientes pruebas sólidas en estas páginas para que sepas que eres amado por un Padre perfecto, verdades arraigadas en la inmutable Palabra de nuestro Dios y en la obra consumada de Cristo en la cruz. Investiga en su Palabra y mantén los ojos fijos en la cruz, pero no te sorprendas cuando tu Padre ponga un recordatorio inequívoco en tu camino.

Su última promesa es esta: «No los dejaré huérfanos; vendré a ustedes» (Juan 14:18).

Recíbelo y respíralo. Vívelo y refléjalo al mundo.

No estás olvidado.

Nunca serás dejado atrás.

Has sido elegido.

Eres muy amado.

No eres huérfano.

No estás solo.

Eres un hijo o hija de Dios.

Él conoce tu nombre.

Tú eres suyo.

No eres indeseado.

No estás sin poder.

Tú eres quien él dice que eres.

No estás derrotado.

Eres una nueva creación.

Tienes lo que él dice que tienes.

Tú puedes ser y hacer lo que él dice que puedes ser y hacer.

No eres una víctima.

Estás en la procesión victoriosa de Cristo.

Caminas lado a lado con el Rey.

Eres una hija amada del Rey.

Eres un hijo amado del Altísimo.

Agradecimientos

Me siento muy honrado de estar rodeado de un equipo increíble de personas que hacen posible que tengas este libro en tus manos. Como algunos sabrán, este libro se publicó anteriormente con el título *Nunca olvidados*. Por causas ajenas a nuestra voluntad, ese libro no llegó a un público tan amplio como esperábamos. Dado que se trata de un mensaje de vida para mí, hemos actualizado el libro y nos complace volver a publicarlo con el título original del mensaje, *Ver a Dios como el Padre perfecto*.

Sin embargo, este mensaje no surgió de mí. Todo lo que somos es el resultado de la influencia de otros. El latido de este libro comenzó con la enseñanza de uno de mis primeros mentores, Dan DeHaan. Dan modelaba una pasión por Dios que era contagiosa. Estar cerca de él me hizo querer conocer más a Dios. Dan fue la primera persona que me ayudó a ver que el Todopoderoso era alguien a quien podía conocer íntimamente. Y fue Dan quien me ayudó a darme cuenta de que el Dios del universo era también mi Padre. He hecho referencia al libro de Dan *The God You Can Know* [El Dios que puedes conocer] en estas páginas con la esperanza de que lo leas por ti mismo. Si lo haces, encontrarás las semillas de muchas de mis enseñanzas fundamentales y el génesis del mensaje en *Ver a Dios como el Padre perfecto*.

Marcus Brotherton tomó mis mensajes y dio forma al manuscrito original, permaneciendo involucrado durante todo el proceso de escritura y ofreciendo su inestimable visión y habilidad de escritor. Marcus, autor consumado, me ayudó a trasladar mi voz a la página escrita como colaborador, alentador y amigo. Este libro no habría visto la luz sin su contribución.

El equipo de Passion Publishing es el mejor. Bajo la hábil dirección de Kevin Marks, apoyan y amplían la visión del Movimiento Passion y de proyectos como este. La voluntad de Kevin de colaborar conmigo es una razón importante por la que el mensaje de *Ver a Dios como el Padre perfecto* está llegando a lectores de todo el mundo.

Estoy agradecido a Damon Reiss y a su increíble equipo de W Publishing. Me siento muy honrado por la confianza que Damon ha depositado en este libro y por sus útiles aportaciones que han dado forma al producto final.

El director artístico de Passion, Chandler Saunders, colaboró con el equipo de diseño del HCCP para ayudar a conseguir la hermosa portada.

Sue Graddy y Ana Muñoz lideran mi equipo personal en Passion y no solo hacen posible mi día a día desde el punto de vista logístico; añaden mucho más en forma de sabiduría, perspicacia y perspectiva a proyectos como este. Sus huellas están en este libro y en todo lo que Dios me ha llamado a hacer en esta temporada.

Shelley y yo vivimos juntos la vida. Ella ha sido una gran alentadora de este mensaje a lo largo de los años y aporta la tenacidad, la sabiduría y el discernimiento que hacen que cada proyecto que emprendo sea mejor. Ella tiene tanta perspicacia y oro de liderazgo para compartir con el mundo; sin embargo, ella voluntariamente me defiende a mí y a mis mensajes de una manera que es impresionante e impactante. Ella es el regalo más hermoso que Dios me ha dado.

Notas

1. Blaise Pascal, cita tomada de «Frases de famosos», https://citas.in/frases/57793-blaise-pascal-en-el-corazon-de-todo-hombre-existe-un-vacio-que-t/.

2. *Ibíd.*

3. Peggy Drexler, «Daughters and Dad's Approval», *Psychology Today*, 27 junio 2011, https://www.psychologytoday.com/us/blog/our-gender-ourselves/201106/daughters-and-dads-approval.

4. Frank Pittman, «Fathers and Sons», *Psychology Today*, 1 septiembre 1993, https://www.psychologytoday.com/us/articles/199309/fathers-and-sons.

5. A. W. Tozer, *El conocimiento del Dios santo* (Deerfield, Florida: Editorial Vida, 1996), p. 7.

6. *Ibíd.*, p. 7.

7. Eric Smillie, «Hubble Captures Farthest Galaxy Ever Seen, 13.4 Billion Light Years Away», *Newsweek*, 4 marzo 2016, https://www.newsweek.com/hubble-farthest-galaxy-photo-video-433802.

8. Estadística según la Oficina del Censo, «The Statistics Don't Lie: Fathers Matter», National Fatherhood Initiative, https://www.fatherhood.org/father-absence-statistic.

9. «Funeral Service Transcript», *The Billy Graham Evangelistic Association*, 2 marzo 2018, https://memorial.billygraham.org/funeral-service-transcript/.

10. «People Are Better at Remembering Names Rather Than Faces», *Neuroscience News*, 14 noviembre 2018, https://neurosciencenews.com/name-face-memory-10194; A. Mike Burton, Rob Jenkins y David J. Robertson, «I Recognise Your Name but I Can't Remember Your Face: an Advantage for Names in Recognition Memory», *Quarterly Journal of Experimental Psychology 72*, n.º 7 (14 de noviembre de 2018).

11. Tim Keller, Publicación en Twitter, 23 febrero 2015, 11:05 a.m. https://twitter.com/timkellernyc/status/569890726349307904.

Acerca del autor

Louie Giglio es pastor de Passion City Church y el visionario original del movimiento Passion, que existe para llamar a una generación a aprovechar sus vidas para la fama de Jesús.

Desde 1997, Passion ha reunido a jóvenes de edad universitaria en eventos en Estados Unidos y alrededor del mundo, y sigue viendo a jóvenes de dieciocho a veinticinco años llenar recintos en todo el país en busca de vivir sus vidas para la gloria de Dios. En 2022 Passion albergó a más de 50.000 estudiantes en el estadio Mercedes-Benz con otro millón de personas que se unieron en línea.

Louie es el autor *best seller* nacional *No le des al enemigo un asiento en tu mesa; Gánale la guerra a la preocupación; Goliat debe caer; La maravilla de la creación; ¡Cuán grande es nuestro Dios!; A la mesa con Jesús; Nunca demasiado lejos; Yo no soy, pero conozco al Yo Soy*. Como comunicador, Louie habla en eventos por todo Estados Unidos y por todo el mundo. Es muy conocido por mensajes como «Indescriptible» y «Cuán grande es nuestro Dios».

Nacido en Atlanta y licenciado por la Georgia State University, Louie ha realizado estudios de posgrado en la Universidad de

Baylor y posee un máster del Seminario Teológico Bautista del Sur. Louie y Shelley viven en Atlanta.

GÁNALE LA GUERRA A LA PREOCUPACIÓN

GÁNALE
LA GUERRA
A LA
PREOCUPACIÓN

CULTIVA UN CORAZÓN EN PAZ
Y UNA MENTE CONFIADA

LOUIE GIGLIO

ISBN 9780849920660

Gánale la guerra a la preocupación tiene el potencial de poner a los lectores en un nuevo camino y darles las herramientas que necesitan para sustituir la preocupación por un mayor sentido de confianza en el Todopoderoso.

Para más libros y recursos de Louie Giglio, visita **librosdelouiegiglio.com**

NO LE DES AL ENEMIGO UN ASIENTO EN TU MESA

ISBN 9780829770766

En *No le des al enemigo un asiento en tu mesa*, el pastor Louie Giglio usa el Salmo 23 como marco para ofrecer una perspectiva bíblica sobre cómo cancelar las mentiras que arruinarán tu vida y tomar los pasos empoderadores para vivir plenamente en Cristo.

Para más libros y recursos de Louie Giglio, visita **librosdelouiegiglio.com**

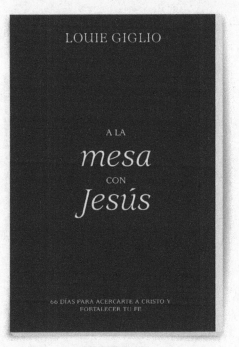

NUNCA DEMASIADO LEJOS

ISBN 9780829702774

En *Nunca demasiado lejos*, explorarás las historias de hombres y mujeres que han pasado por los fuegos y las pruebas de la vida y salieron creyendo en la fidelidad de Dios. Las historias de José, Sansón, Elías, Pedro, Pablo y otros nos muestran que no importa por lo que estemos atravesando, podemos tener confianza en que nuestra historia no ha terminado mientras Jesús esté en ella.

Para más libros y recursos de Louie Giglio, visita **librosdelouiegiglio.com**

GOLIAT DEBE CAER

ISBN 9781418597375

En *Goliat debe caer*, Louie Giglio nos muestra cómo habitar en la magnitud de nuestro Dios, y no en la altura de nuestros gigantes. Para ello utiliza la historia bíblica de David y Goliat, explicando que los gigantes adoptan todas las formas y tamaños; unos son sutiles, otros obvios. La buena noticia es que el plan de Dios no es que vivas con algo en tu vida que te desanime día tras día. Dios quiere que vivas libre. Dios quiere que se derrumben tus gigantes. Quiere que vivas sin las cadenas que te tienen esclavizado, libre de las creencias que te limitan. ¡Y sí puedes!

Para más libros y recursos de Louie Giglio,
visita **librosdelouiegiglio.com**